La Dernière Bulle

DU MÊME AUTEUR

French Ordinateurs, avec Jacques Jublin,
Éditions Alain Moreau, 1976.

Histoire secrète des dossiers noirs de la gauche,
Éditions Alain Moreau, 1986.

La Crise globale
(*On achève bien les classes moyennes
et on n'en finit pas d'enrichir les élites*),
Mille et une nuits, 2008.

Jean-Michel Quatrepoint

La Dernière Bulle

Comment Wall Street a phagocyté Obama et a fabriqué une fausse reprise

MILLE ET UNE NUITS

Couverture : Olivier Fontvieille

ISBN 978-2-7555-0132-2

« On ne résout pas un problème
avec les modes de pensée qui l'ont engendré. »

ALBERT EINSTEIN

Chapitre 1

L'Amérique des lobbies

Barack Obama a-t-il déjà raté une occasion historique de reconstruire l'économie américaine sur de nouvelles bases ? Quelques jours après sa victoire à l'élection présidentielle en novembre 2008 et avant son entrée officielle en fonction, un de ses principaux conseillers, Rahm Emanuel, avait expliqué devant un parterre de chefs d'entreprise que « *la crise pouvait être une opportunité pour faire des choses que l'on n'aurait pas pu faire auparavant* ». Bref, que du pire pouvait sortir le meilleur.

Un des livres de chevet de Rahm Emanuel, démocrate de Chicago, déjà conseiller politique à la Maison-Blanche sous Clinton, est un ouvrage peu connu du grand public, *The Rise and Decline of Nations*, publié en 1982 par un économiste américain, Mancur Olson[1]. Ce livre tente d'analyser pourquoi des pays, au faîte de leur puissance, sombrent dans le désordre, alors que d'autres, vaincus, ruinés, retrouvent très rapidement le chemin de la prospérité. Ainsi, la Grande-Bretagne, grand vainqueur de la Seconde Guerre mondiale, est-elle devenue dans les années 1970 l'homme malade de l'Europe, alors que l'Allemagne et le Japon, grands vaincus, connaissent au contraire une croissance spectaculaire. La thèse de Mancur Olson est que le succès fait émerger des groupes de pression – des *lobbies* – qui cherchent par tous les moyens à préserver leur position, leurs avantages, leur pouvoir. C'est ainsi qu'en Grande-Bretagne les syndicats corporatistes, notamment des mineurs, des cheminots, etc., mais aussi la City, les agriculteurs et quelques autres castes ont tiré l'économie britannique vers le bas. À l'inverse, les principaux groupes d'intérêt des deux grands vaincus de la Seconde Guerre mondiale

1. Mancur Olson est décédé en 1998. Sociologue et économiste, Olson est l'auteur de plusieurs ouvrages importants : *The Economics of the Wartime Shortage : A History of British Food Supplies in the Napoleonic War and in World Wars I and II*, Duke University Press, 1963 ; *Logique de l'action collective* [*Logic of Collective Action*], préface de Raymond Boudon, PUF, 1978, paru en 1971 à Harvard University Press. *Grandeur et décadence des nations* [*The Rise and Decline of Nations*] paraît à Yale University Press en 1982.

avaient perdu leur pouvoir, quand ils n'avaient pas tout simplement disparu. Résultat : ces pays ont pu repartir sur de nouvelles bases, avec, il est vrai, l'aide économique des États-Unis.

La première puissance économique mondiale a connu ce phénomène à la fin des années 1970. L'Amérique a alors le sentiment réel d'être en plein déclin. La présidence de Nixon, secouée par le scandale du Watergate, l'a traumatisée. Elle a été humiliée au Vietnam, puis en Iran en 1980. Le dollar est au plus bas, l'inflation et les taux d'intérêt sont au plus haut, et le chômage grimpe. Le pouvoir d'achat est en berne. Le symbole de la puissance industrielle américaine, l'automobile, bat de l'aile : les ventes de Ford, de General Motors et de Chrysler s'effondrent. Une situation qui présente bien des similitudes avec la crise actuelle. Dès son investiture, en janvier 1981, Ronald Reagan, ou plutôt l'équipe qui l'entoure, va, comme Margaret Thatcher au Royaume-Uni, s'attaquer à quelques-uns des groupes de pression qui bloquent le système. Les économistes de l'École de Chicago et les *think tanks* qui réfléchissent depuis des années à la manière de revitaliser le capitalisme, ont théorisé les raisons du déclin américain qu'ils ont résumées en une trinité : *big corporation, big labour, big state*. Des entreprises trop grandes, vivant trop souvent sur des monopoles, à l'exemple des télécommunications ou du transport aérien ; des syndicats corporatistes aux relations parfois douteuses qui pèsent sur la rentabilité du capital ; enfin, un État trop puissant qui prélève une part trop importante du PNB. Ronald Reagan comme Margaret Thatcher s'emploient donc à casser les *lobbies* jugés responsables de la crise économique d'alors. Ils le font avec brutalité, mais force est de constater que cette politique, qui emprunte beaucoup à la vision schumpétérienne de la destruction créatrice et du chaos salvateur, porte dans un premier temps ses fruits. Cependant, le grand bouleversement produit par la politique reaganienne permet à de nouveaux *lobbies* de prospérer sur les décombres des précédents : l'ensemble de cette recomposition formant ce que l'on nomme le néolibéralisme. Mancur Olson a parfaitement énoncé cette loi de la nature qui veut que les *lobbies* naissent et montent graduellement en puissance[1]. Ils obtiennent

1. En 2009, on compte 35 000 *lobbyistes* officiellement enregistrés à Washington.

toujours plus d'avantages fiscaux de la part d'un gouvernement ou de législateurs auprès desquels ils exercent une influence grandissante, quand ils ne finissent pas par s'infiltrer parmi eux ou par se placer au sein de l'État. C'est exactement ce qui s'est passé au cours de ces trente dernières années. Le complexe militaro-industriel, les compagnies pétrolières et l'automobile, les groupes pharmaceutiques et médicaux, l'immobilier et – *last but not least* – la finance ont peu à peu dominé l'économie.

Les États-Unis dépensent toujours plus en matière de santé, mais l'Américain moyen est de plus en plus mal soigné, ou, plutôt il lui en coûte toujours plus. Pourquoi ? Tout simplement parce que le *lobby* médical – médecins, pharmaciens, grands laboratoires, hôpitaux, cliniques – a réussi à persuader le gouvernement américain de payer pour des traitements toujours plus chers dont l'efficacité n'est pas toujours prouvée. (Le même constat peut être fait dans bien d'autres pays, à commencer par la France.) L'industrie automobile et les groupes pétroliers ont continué à fabriquer et vendre des voitures qui polluent et consomment trop d'essence. Une essence qu'aucun gouvernement américain n'a osé taxer, pour ne pas déplaire aux producteurs de pétrole. Tant pis pour la pollution, tant pis pour l'effet de serre ! Résultat : une politique aveugle qui a conduit finalement l'industrie automobile américaine à la faillite, mais, pendant trente ans, son *lobby* a réussi à retarder l'échéance. Et que dire du complexe militaro-industriel qui, alors que l'adversaire soviétique a disparu depuis vingt ans, a continué de ponctionner allègrement, grâce aux deux guerres d'Irak, le budget fédéral ? Le *lobby* immobilier est peut-être moins concentré que les autres, il a cependant pesé autant qu'eux dans les ultimes dérives de l'économie américaine dans les années 2000. Les propriétaires, ceux qui voulaient le devenir et tous ceux dont l'activité a gravité autour du *real estate* ont multiplié les interventions pour que le secteur obtienne des avantages fiscaux. Enfin, les multinationales, autre *lobby*, ont obtenu de chaque administration des dérogations successives au Code des impôts américain. Résultat : alors que l'impôt sur les sociétés est de 35 % aux États-Unis, le taux moyen d'imposition des multinationales américaines est tombé à 8 %. Et ce grâce à l'utilisation des paradis fiscaux, où elles ont pu externaliser leurs profits à une grande échelle.

Le *lobby* qui, indiscutablement, a le plus prospéré au cours des trente dernières années aura été le *lobby* financier. Wall Street est devenue le *lobby* des *lobbies*. Pas seulement sous l'ère des Bush, père et fils, mais aussi et surtout sous l'ère Clinton. La finance a surfé sur l'idéologie néolibérale et prospéré dans la globalisation qui s'est accélérée au début des années 1990. L'explosion des profits des multinationales lui a apporté une matière première, l'argent, qu'elle s'est ingéniée à recycler et à multiplier grâce aux talents de docteurs Folamour recrutés pour animer les salles de marché. Elle a augmenté encore ses profits grâce à la dérégulation qui a mis fin aux restrictions et contraintes héritées de Roosevelt et de la crise des années 1930 en abrogeant le *Glass-Steagall Act* qui obligeait à séparer banques commerciales et banques d'investissement. Elle a enfin obtenu d'innombrables avantages pour développer une économie de la dette qui arrangeait en définitive tout le monde. Au fil des ans, la finance est devenue le premier secteur économique, aux États-Unis comme ailleurs. Elle pesait, avant la crise de l'été 2008, 21 % du PIB américain.

La finance a prospéré sur le dos des classes moyennes. Elle s'est nourrie des délocalisations massives et a transformé les petits épargnants en gros emprunteurs : l'histoire de John Smith, cet Américain de la *middle class*, cet ancien *blue collar* transformé en vendeur de pizzas[1], qui s'est appauvri, mais n'a pas cessé d'enrichir ses banquiers, est à cet égard exemplaire. Il les a enrichis indirectement lorsque son entreprise a choisi de délocaliser pour accroître ses profits et les localiser si possible *offshore*. Les banquiers ont suivi l'entreprise à la trace, ils ont même installé certains de leurs *hedge funds* à côté des boîtes aux lettres de l'ancienne entreprise de John Smith, aux îles Caïmans. Les profits accumulés grâce au licenciement de notre ouvrier et à son remplacement par des Mexicains, puis par des Chinois, ont fait des petits. Au passage, quelques dirigeants, qui avaient par hasard, eux aussi, ouvert des comptes dans les îles, ont pu profiter de la multiplication des pains que leur proposait l'industrie financière. John Smith a ensuite enrichi les banquiers en cédant au mythe de la bulle Internet. Son conseiller financier lui avait suggéré, à la fin des années 1990, de placer son petit pécule de licenciement dans les valeurs technolo-

1. *La Crise globale*, Mille et une nuits, 2008, p. 10 et *ss*.

giques en bourse et de faire de rapides allers et retours, les plus-values lui permettant de compenser sa baisse de salaire. Las ! Le dernier aller n'a pas eu de retour. Son conseiller lui avait fait acheter à crédit quelques grandes valeurs qui devaient *« forcément encore monter »* à la fin du printemps 2000. Depuis, les cours n'ont jamais retrouvé les niveaux auxquels il a acheté, et il a fallu payer à la banque les intérêts des prêts. *« Qu'à cela ne tienne,* lui avait dit son conseiller, *on va transférer votre emprunt pour les actions sur un autre actif, bien tangible celui-là : votre maison. »* Ainsi, John Smith a obtenu un ballon d'oxygène qui va lui permettre, dans les années 2003-2004, de faire gagner beaucoup d'argent à ces pauvres banquiers : sur le crédit hypothécaire de sa maison, mais aussi sur ceux de ses innombrables cartes que lui ont offertes magasins, constructeurs automobiles et autres prêteurs en tout genre. Oui, John Smith a bien mérité de la banque. Les plus cyniques diront qu'après tout le crédit lui a permis de continuer à vivre, à changer de voiture, à rester dans sa maison, à payer une assurance médicale privée, puisque celle qu'il avait auparavant dans son entreprise industrielle est devenue caduque. Le crédit lui a permis de consommer, d'acheter des vêtements, des produits électroniques, majoritairement importés de Chine. Bref, c'est le crédit qui, pendant des années, a masqué son appauvrissement et, *in fine*, celui des États-Unis. La puissance du *lobby* financier a été telle qu'elle a entraîné tout un pays et le monde avec lui dans une économie de la dette qui ne pouvait qu'imploser.

Dans la vision de Mancur Olson, la crise actuelle, conséquence d'une trop grande puissance d'un certain nombre de *lobbies*, devrait donc être mise à profit pour reconstruire l'économie, définir de nouvelles priorités et bâtir un nouveau modèle de croissance. En s'appuyant sur d'autres forces, d'autres groupes d'intérêt qui deviendront un jour à leur tour trop puissants, et il faudra alors battre à nouveau les cartes. Le programme de Barack Obama, ses premières décisions, ses discours et sa communication épousent cette vision du monde. Réformer le système de santé et étendre la sécurité sociale à la quasi-totalité des Américains (cinquante-deux millions ne sont pas couverts), cela implique de s'attaquer au *lobby* médical. Il lui faut améliorer le rapport qualité-prix de l'ensemble du système, et donc peser, par exemple, sur les marges des laboratoires.

L'effondrement de l'industrie automobile lui donne l'occasion de restructurer en profondeur, de punir les dirigeants et les actionnaires qui ont failli et n'ont pas préparé les produits du futur. L'intervention directe de l'État aux côtés des syndicats de l'automobile est hautement symbolique. L'argent public doit aider à faire la transition et favoriser la recherche sur les nouveaux modèles. Les États-Unis ont vécu à court terme, trop dépensé pour le présent et pas assez pour le futur[1]. Barack Obama relance donc les grands travaux d'infrastructures et la recherche-développement. Le *lobby* militaro-industriel, un morceau autrement plus coriace, est lui aussi l'objet d'une offensive en règle. Avec un argument de poids : la nécessité de faire des coupes claires dans le budget fédéral ; plusieurs programmes sont d'ores et déjà abandonnés.

La crise, sa brutalité, son ampleur sont donc bien mises à profit par Barack Obama et son

1. La bulle économique et financière a, selon Richard Freeman, un économiste de Harvard, quelque chose de commun avec la vieille économie soviétique. La croissance de l'URSS était soutenue par une production industrielle qui, *in fine*, ne servait pas à grand-chose. La croissance américaine a été artificiellement soutenue par une économie de la dette à base de *subprimes*, d'obligations collatéralisées et autres produits aussi sophistiqués qu'irréels.

équipe pour redéfinir les axes de la future croissance. Lawrence Summers, le chef des conseillers économiques du président, ancien secrétaire d'État au Trésor de Bill Clinton, résumait, en janvier 2009, pour le *New York Times*, l'action présidentielle en se référant à une histoire qu'aimait à raconter John Kennedy. Au début du XXe siècle, le maréchal Lyautey demande à son jardinier de lui planter un arbre. Ce dernier lui fait remarquer qu'il faudra cinquante ans avant de pouvoir en profiter pleinement. « *Cinquante ans ? Réellement ? Alors, vous le plantez ce matin !* » Fin janvier 2009, au lendemain de l'investiture du président Obama, la nouvelle équipe doit effectivement prendre les problèmes à bras-le-corps. Elle doit affronter les *lobbies*, tous, sauf un, qui esquive : le *lobby* des *lobbies*, lui, va réussir à tirer son épingle du jeu. Comment cela a-t-il été possible ?

Chapitre 2

La Fed, un État dans l'État

Il y a quasiment un siècle, le 22 novembre 1910, une demi-douzaine de respectables banquiers embarquent, à la gare de New York, dans le wagon privé du sénateur Nelson Aldrich. Destination, le Sud, les côtes de Géorgie, plus précisément une petite île, l'île Jekyll (cela ne s'invente pas !). Ils sont les invités de John Pierpont Morgan pour y chasser le canard. En fait de colverts, les banquiers vont bâtir, le temps d'une semaine, à l'abri des regards et des oreilles, un plan de chasse pour capturer le billet vert, la monnaie des États-Unis. Pendant tout le XIXe siècle, un vif débat a opposé ceux qui estimaient que le pouvoir de battre monnaie, d'imprimer les dollars, devait revenir au gouvernement du peuple, et ceux qui souhaitaient au contraire que cette activité relève des banques… privées. Ainsi, pour financer la guerre de Sécession, Abraham Lincoln s'était-il tourné vers les banques privées qui avaient accepté de lui prêter, mais à la condition que le prêt fût assorti d'un taux d'intérêt d'au moins 24 % ! Coup de sang de Lincoln qui décida d'imprimer directement pour 400 millions de dollars de billets de banque à l'encre verte. De là vient le nom de *greenbacks* dont on a affublé les dollars. Ce papier-monnaie émis fut utilisé pour payer les soldats, les fonctionnaires, acheter des marchandises… Il n'était pas considéré comme une dette de l'État, ne portait donc pas intérêt et était convertible, comme tous les dollars de l'époque, en argent. La guerre finie, Lincoln fut assassiné. Dans la foulée, le Congrès imposa le plafonnement des émissions de *greenbacks*. Deux mois après cette décision, le plafond était atteint. Le Trésor cessait de battre monnaie. Les banquiers privés avaient repris la main.

Les dernières décennies du XIXe siècle et le début du XXe furent marqués par plusieurs paniques bancaires, liées au manque d'argent des banques privées pour garantir la conversion des dollars qu'elles émettaient elles-mêmes. La plus importante, en octobre 1907, vit la ruée des déposants pour retirer leur argent des guichets. À l'époque, il n'y a pas de Réserve fédérale, le secrétaire d'État au Trésor n'a aucun pouvoir et le président des États-Unis, Theodore Roosevelt, est à la chasse en Louisiane. John Pierpont Morgan, alors âgé de soixante-dix ans, un des banquiers les plus riches de la place, considéré (officieusement) comme le « payeur en dernier ressort », parvint à éteindre la panique. Il alimenta directement les guichets de sa banque, avec son propre argent, et incita ses confrères à faire de même. En deux semaines, les banquiers réussirent à rétablir la confiance, et le président des États-Unis félicita publiquement le *« groupe de* businessmen *qui a enrayé la crise »*. Ce jour-là, John Pierpont Morgan acquit définitivement le statut de parrain non seulement de Wall Street, mais de toute la finance américaine, aux côtés des Rockefeller. Reste que ces paniques à répétition ont relancé le débat sur le pouvoir monétaire.

C'est dans l'île Jekyll, sous l'égide de John Pierpont Morgan, que s'élabore un projet fort habile, car il peut apparaître comme un compromis politique. La banque centrale, rebaptisée Réserve fédérale, ne serait ni publique ni privée, mais plutôt mi-publique, mi-privée. Son président serait nommé par le président des États-Unis. C'est elle qui aurait la responsabilité de la politique monétaire et de la gestion de la monnaie. Il est alors établi qu'elle devra disposer du monopole d'émission, du droit exclusif d'imprimer son propre argent, les dollars, sous forme de monnaie fiduciaire, les billets, mais aussi de monnaie scripturale (aujourd'hui, ce droit s'étend à la monnaie électronique). Imprimer les dollars ne lui coûte pratiquement rien. Ces dollars, elle va les échanger contre des obligations du Trésor des États-Unis qui portent intérêt, ou les prêter à d'autres États ou établissements financiers, en se faisant, bien sûr, rémunérer.

Voilà les grands principes de son rôle définis lors de cette réunion sur l'île de Jekyll. Là où nos banquiers font preuve d'une imagination « diabolique », c'est que personne ne possède la Réserve fédérale. Ni l'État ni les banques privées. Quand on examine de plus près la structure de l'institution, c'est un peu différent. Le système compte plusieurs étages. À la base, il y a les banques commerciales privées qui adhèrent au système de la Réserve fédérale : celles-ci sont actionnaires, selon le lieu de leur siège social, de l'une des douze banques de réserves fédérales régionales[1], la plus importante étant celle de New York, puisque c'est

1. Les actions des réserves fédérales régionales n'ont pas de valeur et ne sont pas librement cessibles. En revanche, le capital que les ban-

là que se concentre la finance américaine[1]. La Fed de New York représente aujourd'hui 53 % de l'ensemble du système. Les Fed régionales sont chacune dirigées par un conseil des gouverneurs qui compte neuf membres. Trois sont élus par les banques commerciales de la région adhérentes du système, trois sont choisis par ces mêmes banques parmi des personnalités représentatives, et trois sont nommés par le *board* des gouverneurs de la Réserve fédérale, la structure au sommet qui coiffe l'ensemble. À Washington, la Fed est dirigée elle aussi par un conseil des gouverneurs de sept membres. Ceux-ci sont nommés pour quatorze ans par l'exécutif et doivent être adoubés par le Congrès. Le mandat du président de la Fed, choisi au sein du conseil, n'est que de quatre ans renouvelables. Une bonne partie du pouvoir de la Fed est en fait concentrée dans le Federal Open Market Committee : c'est au sein de cette instance que se décide le taux des Fed *funds* au jour le jour, auquel les banques adhérentes

---

ques privées immobilisent dans les Fed régionales est rémunéré sur la base d'un dividende annuel de 6 %.

1. Les principales banques fondatrices du système de la Réserve fédérale américaine sont, en 1993, Rothschild à Paris et à Londres, Lazard Frères, Warburg, Lehman, Kuhn & Loeb, Rockefeller, Chase Manhattan, Goldman Sachs et, bien sûr, JP Morgan.

se refinancent. L'Open Market compte douze membres : les sept gouverneurs et cinq représentants des banques régionales, dont le patron de New York qui y siège de droit. Apparemment, chacun doit trouver son intérêt dans cette architecture, mais, compte tenu du poids des *lobbies*, de l'étroite imbrication entre la classe politique – qui doit bien financer ses campagnes électorales – et le *big business*, c'est plutôt la base, c'est-à-dire les principales banques privées, essentiellement new-yorkaises, qui mène le bal.

Pas un audit en cent ans

Du fait de son statut, la Réserve fédérale échappe en réalité à tout contrôle démocratique. Elle ne reçoit aucun subside, ni de l'État ni du Congrès. Elle s'autofinance – grassement – grâce aux intérêts versés par le Trésor et grâce à tous les établissements bancaires qui empruntent des Fed *funds*[1]. En 2007 et 2008, ses revenus, nets de tout

1. Les banques obtiennent des Fed *funds* contre des gages (des obligations d'État notamment) ; elles ne les « acquièrent » pas vraiment, ce sont des « emprunts » à intérêt.

impôt, ont dépassé les 40 milliards de dollars. Depuis les années 1970, la Fed rétrocède au Trésor 85 % de ses revenus, ce qui lui laisse quand même quelques milliards de dollars de bénéfices. Certes, son président remet un rapport annuel au président des États-Unis et doit se soumettre à deux auditions au Sénat, mais, en cent ans, il n'y a eu aucun audit de la Fed ni des douze Fed régionales. Ce qui choque un certain nombre d'Américains, c'est que ses dirigeants sont en quelque sorte « non responsables » : ils ne sont ni élus ni contrôlés par une quelconque instance démocratique. La Banque centrale européenne (BCE) a, peu ou prou, copié ce modèle, à une différence près : les banques centrales des pays adhérents de l'Union européenne, qui jouent le rôle des banques fédérales régionales, ne sont pas la propriété des banques commerciales privées, mais des États membres.

C'est ce système éminemment complexe et opaque que le président Woodrow Wilson, élu en 1912 et qualifié alors de *« créature de JP Morgan à la Maison-Blanche »*, fait adopter par une brochette de parlementaires dans la nuit du 22 au 23 décembre 1913. Le *Federal Reserve Act* consacre le pouvoir des banques privées sur la monnaie des États-Unis et, par extension, sur l'ensemble du système monétaire mondial, la Fed de New York ayant obtenu un quasi-monopole de la gestion des stocks d'or mondiaux[1].

A priori, en échange de son monopole sur le dollar et de son rôle de « prêteur en dernier ressort », la Réserve fédérale doit tout faire pour préserver les grands équilibres d'une croissance économique harmonieuse, maintenir la stabilité des prix et le plein emploi. Bien vite, elle s'éloigne pourtant de ces objectifs. John Pierpont Morgan n'est plus là pour obtenir de ses confrères un minimum de vertu. À l'issue de la Première Guerre mondiale, aux États-Unis, la production croît plus vite que les salaires. Pour compenser l'écart, la population américaine commence à recourir massivement au crédit. Les banques y ont tout intérêt. Dans le système monétaire de la Réserve fédérale, pour 100 dollars de monnaie émis par la Fed, gagés

1. Les sous-sols de la Fed de New York abritent toujours les stocks d'une cinquantaine de pays, ainsi que ceux des institutions internationales, pour une valeur qui dépasse les 200 milliards de dollars. Les barres de 12,5 kilos sont entreposées dans des box. Lorsqu'un pays vend de l'or, un manutentionnaire déplace les barres des box des pays ou des institutions vendeurs vers ceux des acheteurs.

par des obligations du Trésor et portant intérêt (que le système de la Réserve fédérale encaisse à l'époque en totalité), les banques commerciales adhérentes ont le droit de prêter jusqu'à 900 dollars : aux particuliers, aux entreprises et aux acteurs économiques. Des prêts qui, eux aussi, portent intérêt. Encore faut-il qu'ils soient gagés sur quelque chose… Dans les années 1920, ce seront les actions des sociétés cotées en Bourse qui serviront de gages. Les financiers vendent à une grande échelle la Bourse aux épargnants, il y a même la possibilité d'acheter des titres à crédit. Déjà le fameux effet de levier… En expliquant que les cours de demain seront plus élevés que ceux d'aujourd'hui, les banquiers font miroiter de beaux bénéfices à leurs emprunteurs. La Réserve fédérale est largement coresponsable de cette spéculation effrénée qui se développe au cours de la décennie. Elle aggrave encore les choses, puisque, après le krach – inévitable – du 24 octobre 1929, elle ferme totalement les robinets du crédit, tombant d'un excès dans l'autre. On sait ce qu'il advint par la suite : l'effondrement de Wall Street, la faillite d'un tiers des banques américaines et la Grande Dépression.

Quand Roosevelt remet les banques à leur place

Avec la victoire de Franklin Roosevelt à l'élection présidentielle en novembre 1932, le pouvoir du *lobby* financier va être singulièrement entamé. Pendant les premiers mois de son mandat, Roosevelt multiplie les décisions pour encadrer la Réserve fédérale. Plus d'une quinzaine de textes sont votés, notamment le *Glass-Steagall Act* qui impose une stricte séparation entre les banques commerciales privées – qui gèrent les dépôts des particuliers et prêtent aux différents acteurs économiques – et les banques d'investissement. Le mélange des genres n'avait pas peu contribué à la bulle spéculative. Il crée également une agence d'État, la FDIC (Federal Deposit Insurance Corporation) qui garantit les déposants, dans certaines limites, en cas de faillite bancaire. Il réglemente le marché boursier, monte des structures pour aider les petits propriétaires à faire face à leurs dettes et à refinancer leur logement. Bref, il remet les banquiers et les financiers dans des rails : ils sont au service de l'économie, et non l'inverse. Il aurait pu, comme certains l'en pressaient, fédéraliser, c'est-à-dire nationaliser la Réserve fédérale. C'est ce que fera la France, en 1936, avec la Banque de France qui était jusqu'alors l'émanation des grandes banques privées[1]. Plutôt que de casser le *lobby* financier, Franklin Roosevelt a préféré l'encadrer, tout en construisant, à côté de la Réserve fédérale, un système parallèle pour financer les pauvres, les classes moyennes, les PME et les grands travaux d'infrastructure.

Un autre président américain, John Kennedy, tentera lui aussi, près de trente ans plus tard de s'attaquer frontalement au *lobby* financier et au système de la Réserve fédérale. Tout comme Lincoln, il trouve anormal que l'État ne puisse pas directement battre monnaie et soit obligé de verser une sorte de rente aux banques privées. L'argument des partisans de l'indépendance des banques centrales est connu et n'est pas forcément dénué de fondement : si on donne aux hommes politiques le pouvoir de battre monnaie, ils risquent d'être tentés de faire fonctionner la planche à billets pour financer des promesses

1. Que désignait notamment l'expression « les deux cents familles », qui représentaient les plus gros actionnaires de la Banque de France.

électorales ou de s'engager dans n'importe quelle aventure. Les Kennedy, adulés par la population, avaient déjà accumulé les ennemis : de la Mafia à la CIA, en passant par une partie du Pentagone, John Edgar Hoover (le patron du FBI), les Texans et les pétroliers… Et voici qu'en juin 1963 John Kennedy s'en prend au *lobby* financier : il signe un décret présidentiel (n° 11 110) qui revient à dépouiller la Réserve fédérale de son monopole de battre monnaie. Ce décret donne au département du Trésor le pouvoir d'émettre des billets de banque (*US Notes* en lieu et place des *Federal Reserve Notes*) gagés par l'argent que détient l'État dans ses coffres. Les premiers billets sont émis, mais, le 22 novembre 1963, John Kennedy est assassiné à Dallas. L'une des premières décisions de Lyndon Johnson est de retirer de la circulation les 4 milliards de dollars de *US Notes* émis. La Fed a conservé son monopole.

Le 15 août 1971, Richard Nixon renonce unilatéralement au *Gold Exchange Standard*, c'est-à-dire à la fin de la convertibilité du dollar US en or qui avait été décidée à Bretton Woods en 1945. Le flottement généralisé des monnaies qui en découle va donner à la finance un nouveau souffle. D'autant qu'au même moment l'informatisation permet d'accélérer et d'amplifier les mouvements, et que les premiers produits dérivés démultiplient les effets de levier.

L'arrivée de Ronald Reagan à la tête des États-Unis marque le début de l'apothéose. La déréglementation est le credo des nouvelles équipes. Le monde financier entend bien en profiter. Avec la bénédiction de l'exécutif, du Congrès et, bien sûr, de la Réserve fédérale, on détricote la réglementation mise en place par Roosevelt avant-guerre. Dans le même temps, on reconstruit une image mythique des banquiers centraux, aux États-Unis, mais aussi en Europe. Ils sont censés agir pour le bien commun. Eux savent ce qui est bon pour nous. Ils doivent être, bien sûr, indépendants du pouvoir politique, puisque ce dernier est soumis en permanence à la pression populaire. Ces banquiers centraux – les patrons de la Fed, mais aussi, plus tard, de la BCE – se vivent peu à peu comme le lieu géométrique de tous les pouvoirs, financier, économique et politique. On apprend à décoder leurs propos sibyllins, pour ne pas dire abscons. Ils détiennent l'arme des taux d'intérêt : une hausse ou une baisse se traduit immédiatement par des mouvements très importants sur les marchés financiers. Lorsque la Fed prend une décision, ses mandants – les grandes banques privées de Wall Street – en sont bien évidemment informés en priorité, puisqu'ils siègent dans les conseils des banques régionales et au Federal Open Market Committee.

Avec la déréglementation – idéologie communément, admise dans les années 1990, par les démocrates comme par les républicains –, le poids de la finance dans l'économie américaine et dans le reste du monde ne cesse de croître. Dans un mouvement dialectique, l'imbrication entre la finance et les pouvoirs politique et monétaire s'en trouve renforcée. Les patrons de la Réserve fédérale sont certes nommés par le président des États-Unis, mais ce dernier n'a pas réellement de prise sur la gestion de la monnaie et du crédit. Bill Clinton a vite compris les limites de son pouvoir. Robert Rubin, futur secrétaire au Trésor (1995-1999), qui cherchait à le convaincre, juste après son élection, de ne pas aller à l'encontre des intérêts des acteurs du marché de la dette, s'était attiré cette repartie : « *Si je comprends bien, le succès de mon programme économique dépend du bon vouloir de la Réserve fédérale et d'une poignée de* fucking traders. » La messe était dite. Elle l'était d'autant plus qu'à l'époque la banque centrale, la finance les multinationales ont le vent en poupe, pour ne pas dire la baraka. Le système fonctionne, l'argent coule à flots. Pourquoi vouloir le brider ?

Un Wall Street démocrate

Traditionnellement, Wall Street a toujours été plus démocrate que républicain, tandis que le *big business* industriel, notamment le *lobby* pétrolier, est plutôt pro-républicain. En fait, les grandes banques de la place ont jugé plus rentable de miser sur l'aile conservatrice du Parti démocrate – un peu comme une partie de l'*establishment* français a joué, à un certain moment, la droite du PS, cette deuxième gauche incarnée par Jacques Delors et Michel Rocard. Une habile stratégie qui a porté ses fruits sous l'ère de Bill Clinton. Toutes les équipes économiques du président démocrate qui succède à Bush père ont, à peu près, le même parcours : un diplôme économique d'une prestigieuse université ; un passage au FMI ou à la Banque mondiale (institutions garantes de l'application du « consensus de Washington[1] » aux quatre coins du monde), voire dans l'administration du Trésor ; un éventuel aller et retour dans une banque d'investissement ou un *hedge fund* ; un poste de conseiller économique dans une équipe présidentielle, voire un mandat dans une des banques fédérales. La consanguinité devient la règle, à l'image de ce que l'on a connu en France avec le corps de l'Inspection générale des finances. Tout ce petit monde new-yorkais et washingtonien parle la même langue, voit les mêmes gens, dîne aux mêmes tables et pense la même chose. C'est le triomphe du « Il n'y a pas d'autre politique possible ». En 1993, il est vrai, les critiques de l'ultra-libéralisme, notamment outre-Atlantique, se comptent sur les doigts

1. Voir *La Crise globale*, *op. cit.*, pp. 51-53. Le « consensus de Washington » entend déployer dans le monde entier le libéralisme, selon dix orientations que doivent prendre tous les gouvernements : 1. contenir les déficits publics ; 2. réorienter les priorités en matière de dépenses publiques ; 3. réformer la fiscalité ; 4. libéralisation financière ; 5. adoption d'un taux de change unique et compétitif ; 6. libéralisation des échanges commerciaux ; 7. élimination des barrières à l'investissement direct étranger ; 8. privatisation des entreprises publiques ; 9. dérégulation des marchés pour assurer l'élimination des barrières à l'entrée et à la sortie ; 10. sécurisation des droits de propriété.

d'une main. Il y a bien quelques vieux monétaristes républicains qui ronchonnent, avertissant que tout cela se terminera mal. Il y a aussi quelques antimondialistes et gauchistes de service qui, par principe, dénoncent le capitalisme. Il y a enfin les complotistes – une spécialité américaine – qui imaginent que toute collusion cache de grandes conspirations. De complot, il n'y en a point, si ce n'est que les intérêts des financiers rejoignent ceux des multinationales, des politiques et même du consommateur. Tout le monde paraît profiter de cette martingale, de cette *cash machine* fondée sur un mécanisme finalement assez simple : les multinationales délocalisent en Chine et importent des produits bon marché aux États-Unis ; leurs profits défiscalisés alimentent la sphère financière qui peut jouer, grâce aux effets de levier et aux produits dérivés, avec les flux de milliers de milliards de dollars. La baisse du pouvoir d'achat des Américains en termes réels est compensée par la masse du crédit… Le crédit enrichit les banques, qui émettent toujours plus de prêts, c'est-à-dire de la monnaie scripturale que la Fed se garde bien de contrôler. La dette globale américaine, privée et publique, enfle. Mais elle est financée par les excédents commerciaux que les Chinois et les pays producteurs de pétrole transforment en bons du Trésor américain. Apparemment, la boucle est bouclée.

Les États-Unis : une *Credit Card Nation*

Alan Greenspan, nommé président de la Fed en 1987 par Ronald Reagan, est le chef d'orchestre de cette fuite en avant. Son credo : la trinité « liquidités, dette, effet de levier ». Sa ligne de conduite va engendrer ce qu'un économiste américain, Kevin Phillips[1], a qualifié de « multibulle ». Bien que l'une des missions de la Réserve fédérale soit de contrôler les banques, Alan Greenspan se refuse à être leur gendarme. Tout au contraire, la déréglementation implique moins de régulation, donc moins de régulateurs. L'Amérique s'est engagée dans un modèle où le crédit est le moteur de la consommation. L'alliance du marketing, des médias et de la finance pousse, jour après jour, le consommateur dans cette voie. La Fed laisse l'innovation financière se donner

1. *Bad Money : Reckless Finance, Failed Politics, and the Global Crisis of American Capitalism*, Penguin, 2008 (avril).

libre cours, elle l'encourage même. Les États-Unis deviennent une *Credit Card Nation.*

Lorsque Alan Greenspan arrive à la Fed, le marché du crédit américain s'élève à 11 000 milliards de dollars. À son départ, en 2006, il a quadruplé pour atteindre 44 000 milliards de dollars. La part du secteur financier dans le PNB américain est passée de 15 % en 1980 à 21 % en 2006, alors que celle des entreprises industrielles est revenue de 20,8 % à 12 %. Plus significatif encore : la finance représente désormais 40 % du total des bénéfices des sociétés américaines, contre 5 % pour le secteur manufacturier. Alan Greenspan est appuyé dans sa politique par l'administration Clinton, notamment par deux hommes : Robert Rubin et Larry Summers. Ce trio met un point final au processus de déréglementation financière initiée par l'équipe de Reagan.

Robert Rubin est un multidiplômé, une « tête d'œuf ». Harvard, Yale et même la London School of Economics. Ce juif new-yorkais est brillant. Il entre en 1966 chez Goldman Sachs. Il y fera une carrière remarquée – pour ne pas dire remarquable – gravissant tous les échelons, pour finir coprésident, avec Stephen Friedman. Démocrate, comme il se doit, il est choisi par Bill

Clinton, début 1993, pour diriger le National Economic Council, poste qui, compte tenu de sa personnalité, lui permet de fait de copiloter la politique économique et financière des États-Unis. Il a persuadé Bill Clinton, qui a d'autres priorités, des vertus de cette économie de la dette. Il joue un rôle très actif dans l'accord de libre-échange entre les États-Unis, le Canada et le Mexique (Nafta). Il est l'artisan, parfois brutal, du règlement des crises financières des pays émergents (Corée du Sud, Russie, Amérique du Sud). Et, en 1996, il est nommé secrétaire d'État au Trésor. C'est cet homme, autrefois encensé par la presse et les médias, qui figurera en 2009 dans la liste établie par MarketWatch, un site du *Wall Street Journal*, comme l'un des *« dix hommes d'affaires les moins éthiques »*. C'est en tout cas son action et celle de ses « élèves » qui feront dire aux commentateurs que les États-Unis ont été dirigés, depuis une quinzaine d'années, par *« un gouvernement Goldman Sachs »* tant il est vrai que Robert Rubin et quelques autres ont permis, par leurs actes et leur orientation constante, aux grandes banques d'investissement, à commencer par Goldman Sachs, de connaître une prospérité phénoménale et d'enrichir dans des proportions jusqu'alors inconnues, sinon eux-mêmes, du moins tous ceux qui se trouvaient dans leur sillage[1].

Désormais secrétaire d'État au Trésor, Robert Rubin œuvre en 1996 pour que la Cour suprême achève de déréglementer le secteur des cartes de crédit. N'importe qui peut dès lors y avoir accès. L'industrie financière multiplie les campagnes marketing pour donner aux plus pauvres l'illusion de pouvoir consommer comme les riches. L'année suivante, les banques sont autorisées à acheter des sociétés de Bourse. Et, en 1998, la Fed approuve la fusion de Citigroup et d'un grand assureur, Travellers. Toutes décisions contraires au *Glass-Steagall Act* voté en 1933, contourné depuis des années, mais toujours en vigueur, et qui fait valoir la séparation des métiers de banque de dépôt et de banque d'investissement, afin que les activités sur titres et valeurs mobilières ne s'appuient pas sur les

1. À la fin du gouvernement Clinton, en 1999, Robert Rubin devient « conseiller spécial » chez Citigroup. Il est un éphémère président, fin 2008, juste avant que la banque ne sombre et soit sauvée par l'argent du contribuable. En huit ans, l'homme, qui est par ailleurs coprésident du Council on Foreign Relations (le club le plus influent de Washington), aura touché 126 millions de dollars de la banque new-yorkaise.

dépôts des épargnants. Alan Greenspan et Robert Rubin, main dans la main, bloquent les initiatives des régulateurs, notamment celles de la présidente de la Commodity Futures Trading Commission (CFTC) qui s'inquiète de la multiplication des produits dérivés hors bilan et souhaite mener une enquête sur l'ampleur du phénomène. Puis, ils recommandent au Congrès de retirer ce type de produits du champ d'investigation de la CFTC. La conséquence est immédiate : une énorme bulle sur les produits dérivés se forme, dont la somme des transactions sur le marché de gré à gré atteindra 700 000 milliards de dollars[1] en 2008.

En octobre 1999, après de longues réunions avec les grandes banques de Wall Street, Larry Summers, qui a succédé à Robert Rubin au Trésor, et le sénateur texan Phil Gramm, président du Comité sénatorial des banques, font voter le *Financial Service Modernization Act* (FSMA). Tout le cadre réglementaire qui contrôlait les conglomérats bancaires est aboli. C'est l'acte de décès du *Glass-Steagall Act*. Pour justifier leur décision, l'administration Clinton et le Congrès expliquent que, *de facto*, le *Glass-*

1. C'est, bien sûr, le même argent qui circule d'innombrables fois. Le système financier se nourrit de ces allers et retours.

Steagall Act ne fonctionnait plus depuis des années. La technologie et l'innovation financière l'avaient rendu caduc : les banques commerciales avaient multiplié les filiales qui agissaient, elles, dans un cadre déréglementé. Entre 1995 et 2000, il se produit 11 000 fusions de banques aux États-Unis. Avec le FSMA, il n'y a plus de frontière entre banques commerciales et banques d'investissement[1].

QUAND S'ENDETTER DEVIENT UN ACTE PATRIOTIQUE

Lorsque George W. Bush s'assied dans le bureau ovale en janvier 2001, il n'a que quelques vagues idées sur la politique monétaire et le rôle de la finance moderne. En revanche, il est le digne représentant d'un capitalisme traditionnel, conservateur. Il est par naissance en faveur de la fortune

1. Il y avait encore quelques distinctions : les banques d'investissement n'avaient pas accès aux Fed *funds*, par exemple (jusqu'en 2008 !), en contrepartie d'une supervision allégée. Mais il n'y a plus d'interdiction pour une banque commerciale de faire de l'investissement ou de détenir une filiale banque d'investissement ou encore à un groupe capitalistique de cumuler des filiales des deux secteurs – toutefois, le contraire, c'est-à-dire pour une banque d'investissement de procéder à la collecte de dépôts, est toujours interdit.

installée. Ses premières décisions vont dans ce sens, avec notamment la réduction des droits de succession. Le choix de son secrétaire d'État au Trésor est symbolique, puisqu'il nomme Paul O'Neil, le président d'Alcoa, géant de l'aluminium, qui n'a aucun lien avec le *lobby* financier.

Survient le 11-Septembre. En s'attaquant aux deux tours du World Trade Center, à deux pas de Wall Street, Al-Qaida a aussi voulu frapper symboliquement le cœur du système financier américain. Défendre Wall Street devient dès lors un enjeu patriotique. Il faut tout faire pour sauver la finance, relancer la machine, montrer au monde et à Al-Qaida que le système est toujours bien vivant. À cette dimension politique et émotionnelle s'ajoute l'absence de contre-modèle. Personne, outre-Atlantique, n'a alors réfléchi à un autre modèle de croissance. Le débat a été tranché vingt ans auparavant. Lorsque Ronald Reagan avait été élu, certains parmi les républicains avaient milité pour une réindustrialisation du pays qui aurait favorisé l'innovation technologique, la modernisation des usines, la fabrication de nouveaux produits… On a vu que les multinationales ont préféré un autre modèle, à base d'importations, de délocalisations, où la finance, sans oublier la grande distribution, a pris peu à peu la place de l'industrie manufacturière ; où la consommation de masse, financée à crédit, s'est substituée à la consommation de produits de qualité et à l'épargne. Or, en 2001, le poids de la finance dans le PNB du pays est devenu trop important pour que l'exécutif puisse changer brutalement d'orientation. Au sein de l'*establishment*, personne n'y songe d'ailleurs.

La réponse à Al-Qaida va donc être à la fois économique et militaire. Alan Greenspan, toujours à son poste à la tête de la Fed, est encouragé à reprendre, à une échelle encore plus grande, ses bonnes habitudes : liquidités, dettes, effets de levier. Il baisse les taux et inonde le marché de dollars. Les citoyens sont incités à s'endetter encore plus. Et, comme il faut une apparence de gage – comme dans les années 1920 avec les actions –, la garantie sera cette fois l'immobilier. Chacun est poussé non seulement à devenir propriétaire, mais à monétiser son bien immobilier, s'il ne l'est déjà. Sont ainsi créés les crédits hypothécaires rechargeables : les logements sont mis en gage de crédits à la consommation.

Le cas de ce couple de cadres supérieurs installés à Atlanta, Alex et Kristel, est édifiant. En 1996, ils achètent une maison 750 000 dollars. Ils ne versent en *cash* que 150 000 dollars. Sur les 600 000 restants, l'organisme prêteur ne leur prélève que les intérêts. C'est là toute la différence des *mortgages* avec le système d'emprunt français, où l'on doit rembourser capital et intérêts. Ici, on peut oublier le capital. L'organisme prêteur est en fait copropriétaire du bien avec l'emprunteur. Comme le prix de l'immobilier ne cesse de grimper, en 2002, le couple a la possibilité de recharger son crédit de 100 000 dollars, ce qu'il fait. Après le 11-Septembre, la Fed baisse ses taux drastiquement : le coût de ce nouveau crédit ne pèse pratiquement pas sur leurs revenus. En 2005, rebelote. Les prix ont encore flambé et la maison peut être estimée à 1,3 million de dollars[1]. Pourquoi ne pas tirer 100 000 dollars de plus ? Ce que font Alex et Kristel. Leur idée est de rester encore quelques années à Atlanta, mais, les enfants élevés et la retraite venant, la maison va devenir trop grande et trop lourde à gérer. Il sera alors toujours temps de la vendre pour se reloger ailleurs. Ils font leurs comptes prévisionnels : s'ils vendent la maison 1,3 million de dollars, la banque récupère 800 000 dollars et eux 500 000, en

1. En Californie, en dix ans, de 1996 à 2006, le prix moyen d'une maison a été multiplié par trois.

n'ayant déboursé au départ que 150 000 dollars en capital. Quant aux intérêts versés, ils ont représenté bien moins qu'un loyer. Ce système leur a donc permis de continuer à consommer beaucoup et d'abonder des fonds de pension pour leur future retraite. Au milieu des années 2000, la machine à fabriquer des bulles est repartie de plus belle[1].

Alan Greenspan n'ouvre pas seulement les robinets du crédit pour les ménages, il le fait aussi pour le budget fédéral. La guerre contre Al-Qaida et, surtout, l'intervention en Irak creusent les déficits publics d'un coût abyssal qui n'a pas été calculé. Les largesses de la Fed évitent de devoir recourir à une augmentation des impôts pour financer l'aventure irakienne. Moyennant quoi, la dette américaine, publique et privée, monte, monte, monte… tout comme enflent les profits des multinationales, des grandes banques, les bonus des *traders* et les revenus des patrons. Personne n'a mauvaise conscience[2].

---

1. Aujourd'hui, en 2008-2009, la maison est invendable.
2. Néanmoins, quelques hommes tirent la sonnette d'alarme. Par exemple, Paul O'Neil, le sécrétaire au Trésor de G. W. Bush en 2001, remercié par l'administration en 2003 met en garde contre une politique de fuite en avant des déficits budgétaires et s'oppose à la guerre en Irak, programmée, selon lui, de longue date par les néoconservateurs (dès février 2001).

D'abord, parce que c'est un devoir patriotique pour les uns de s'endetter, pour les autres de prêter. Ensuite, parce que la guerre en Irak doit permettre aux Américains de mieux contrôler les champs pétroliers et de continuer à alimenter l'automobiliste en essence bon marché. Enfin, parce qu'il n'y a pas d'autre modèle possible. Après l'ère agricole, le temps de l'industrie, voici venue l'époque de la finance. Ceux qui s'inquiètent des dérives, des bulles sont soit de mauvais Américains, soit des passéistes qui n'ont rien compris au monde moderne.

Chapitre 3

Apocalypse now

Novembre 2002 : Ben Bernanke, étoile montante de la finance américaine, s'exprime devant le National Economists Club. Ce professeur à Princeton, dont la femme est une parente de Milton Friedman, est un spécialiste de la Grande Dépression de 1929. Il en a fait son fonds de commerce intellectuel. George W. Bush vient de le nommer membre du conseil des gouverneurs de la Fed et lui a confié la responsabilité de son conseil économique. D'ores et déjà, il apparaît comme le successeur présenti d'Alan Greenspan. Ses propos en sont d'autant plus écoutés. Que dit Ben Bernanke devant ce parterre d'économistes ? Fidèle à l'idéologie ambiante, il explique que l'inflation n'est plus le problème ; elle a été définitivement éradiquée grâce à la politique suivie avec constance. Depuis le 11 septembre 2001, la Fed a ramené ses taux à 1 %. Y a-t-il alors un risque de déflation ? *« Je suis certain que la Fed prendra toutes les mesures nécessaires pour prévenir une déflation significative aux États-Unis. »* Et de citer Milton Friedman, selon lequel, *« en cas de déflation, une banque centrale est prête à jeter de la monnaie depuis des hélicoptères »*. Une métaphore qui sera ensuite rebaptisée *Ben Bernanke's Helicopter*. Il n'y a plus d'inflation, et il n'y aura pas de déflation. Le message de Ben Bernanke se veut rassurant : il y a bien des pilotes dans l'hélicoptère. Pourtant, en baissant drastiquement ses taux d'intérêt, la Fed n'a pas évalué toutes les conséquences de ses décisions.

Au nom du patriotisme, le slogan « *Zero percent financing* » fait florès. C'est General Motors, au lendemain du 11-Septembre, qui se lance le premier dans une politique qui se révélera suicidaire. Le constructeur automobile offre cinq ans de crédit gratuit sur tous ses modèles 2001-2002. Ses concurrents sont, peu ou prou, obligés de suivre. Cette campagne promotionnelle permet de maintenir un niveau de ventes annuel autour de dix-sept millions de véhicules, et le consommateur s'habitue à avoir un crédit automobile gratuit. Or, quelqu'un doit bien en payer le coût… Cette *cheap money* booste tous les secteurs : l'immobilier, bien sûr, où les échanges quotidiens de crédits titrisés sont multipliés par trois en quatre ans. Jusqu'à l'État et les collectivités locales qui renégocient leurs prêts. En échange d'une augmentation du montant de leur dette, ils obtiennent une diminution du service annuel de la dette. Ainsi, la ville de New York a vu sa dette passer de 38 milliards de dollars en 1999 à 48 milliards en 2003, mais, parallèlement, le coût des intérêts annuels est tombé de 3,7 milliards en 1999 à 2,5 milliards en 2003. L'État fait la même opération à une plus grande échelle encore. Pour les hommes politiques, la *cheap money* est une bénédiction. Le service de la dette pèse moins dans les budgets annuels, et ce sont leurs successeurs qui auront à se préoccuper de la rembourser. Que cette politique entraîne une inflation des actifs, à commencer par celle de l'immobilier, ne semble pas préoccuper outre mesure nos apprentis sorciers, persuadés que les marchés ont toujours raison. *« Il est extrêmement présomptueux de penser que les responsables gouvernementaux, fussent-ils des banquiers centraux, savent mieux que les marchés quels doivent être les prix des actifs* », expliquait en 2007 Frederic Mishkin[1], un des anciens gouverneurs de la Fed.

Au nom de ce dogme, on laisse faire, on laisse se développer les bulles. Ce faisant, la Fed exporte cette inflation des actifs : en Grande-Bretagne, bien sûr, en Espagne et aux quatre coins du monde. Ces bulles enrichissent le système financier. La *cheap money* a notamment permis le développement d'une activité fort lucrative et sans risque : le *carry trade*. Cela revient à emprunter pas cher et à reprêter plus cher. Exemple : une banque emprunte à la Réserve fédérale, à court terme, à 1 % ; avec cet argent, elle rachète des bons du Trésor à dix ans, à 4 %, voire des obligations d'organismes de crédit immobilier, comme Fannie Mae, qui rapportent encore plus. Au niveau international, ce *carry trade* est également actif avec le Japon, où les banques empruntent à des taux très bas pour reprêter aux États-Unis ou en Europe à des taux plus élevés. Des techniques financières toujours plus sophistiquées rendent possible cette multiplication des pains. Alan Greenspan conseille à

1. Cité par Martin Wolf, *Le Monde*, 12 mai 2009.

l'Américain moyen de faire la même chose : *« Pourquoi ne pas renégocier vos prêts immobiliers et utiliser une formule qui, sur le long terme, vous sera toujours bénéfique ? »*

En février 2004, le président de la Fed explique que, selon les études les plus récentes, les propriétaires immobiliers auraient économisé, au cours de la dernière décennie, des dizaines de milliers de dollars s'ils avaient emprunté à taux variable plutôt qu'à taux fixe. Et de suggérer que les emprunteurs indexent leurs *mortgages* sur les taux à court terme – qui sont très bas – plutôt que sur les taux à long terme.

Quand l'oracle parle, chacun écoute. L'industrie financière n'a d'ailleurs pas attendu pour proposer d'innombrables produits à base de taux variables (*adjustable rate mortgages*). Leur montant total va tripler et ils représenteront 31 % des 2 900 milliards de *mortgages* consentis en 2005. En poussant les ménages à emprunter à taux variable, Alan Greenspan était-il inconscient, cynique ou tout simplement incompétent à force d'arrogance ?

Le 30 juin 2004, la Fed remonte ses taux de 1 % à 1,25 %. Le signal est donné : en deux ans, elle va les augmenter dix-sept fois, et ils atteindront

5,25 % en juin 2006. Un véritable tsunami qui prend les emprunteurs à contre-pied[1]. Pourquoi un tel changement de stratégie ? Tout simplement parce que l'inflation, que l'on croyait définitivement enterrée, est de retour. Le déficit commercial américain plonge, les prix des matières premières montent au fur et à mesure que l'économie globalisée s'emballe. Pour continuer à attirer les investisseurs, financer leurs déficits et éviter que le dollar ne s'effondre, les États-Unis ont été obligés de relever progressivement leurs taux à long terme. C'est ainsi que le taux d'intérêt des bons du Trésor à dix ans frôle les 5 %. Les Américains avaient oublié une règle de base de l'économie : la loi de la gravité monétaire. Édouard Husson et Norman Palma ont parfaitement expliqué ce phénomène : *« Ce qui est rare est cher, nous disait déjà Aristote. Par conséquent, ce*

---

1. La plupart des banques ont proposé des crédits baptisés « 2-28 ». Pendant deux ans, l'emprunteur ne rembourse que le capital et ne paye pas les intérêts. Il est prévu que les intérêts ne seront perçus que pendant les vingt-huit années suivantes. Ces prêts, souscrits entre 2004 et 2006, sont à taux variable. Lorsque le cliquet des deux ans a commencé à jouer, les emprunteurs ont été rattrapés par la hausse des taux et beaucoup n'ont plus pu faire face à leurs échéances. Les premières faillites personnelles commencent début 2007, pour s'accélérer ensuite.

qui est en surabondance est nécessairement bon marché. L'offre et la demande sont la manifestation de la loi des contraires au niveau économique. Certes, on peut aller contre la loi de la gravitation économique, mais, à un moment ou à un autre, elle rappelle son existence. [...] À présent, la loi de l'offre et de la demande monétaire est en train de régler ses comptes à un ordre où ne régnait plus qu'une raison fantomatique[1]. »

La fuite en avant dans une économie de la dette a eu pour corollaire une création monétaire gigantesque, une surabondance de dollars. Pendant un demi-siècle, la devise américaine n'a pas eu de véritable concurrent, mais depuis le début du XXIe siècle il y a l'euro. Un euro que la BCE n'imprime qu'avec parcimonie. En outre, la Banque centrale européenne maintient ses taux à des niveaux plus élevés que ceux de la Fed. En 2004, deux phénomènes s'entrechoquent : d'une part, le marché se trouve confronté à une monnaie en surabondance (le dollar) et à une monnaie rare (l'euro) ; d'autre part, ces deux monnaies ont des

1. *Le Capitalisme malade de sa monnaie. Considérations sur l'origine véritable des crises économiques*, François-Xavier de Guibert Éditeur, 2009.

taux de base différents, d'où la dépréciation mécanique du dollar. Pour continuer à recycler les surplus de l'Arabie saoudite, de la Chine et des riches du monde entier et afin de financer leurs déficits, les États-Unis ne peuvent pas laisser leur monnaie s'engouffrer dans une spirale à la baisse. Tous ceux, à commencer par la Banque de Chine, qui détiennent des centaines de milliards de dollars de réserves en bons du Trésor verraient d'un très mauvais œil leurs avoirs se déprécier. Pour toutes ces raisons, la Fed s'est donc vue contrainte de remonter ses taux, créant ainsi le piège monétaire dans lequel allait s'enfoncer tout le système financier.

Errare humanum est, perseverare diabolicum est. Plutôt que de reconnaître leurs erreurs et d'adapter leur politique à un nouvel environnement, l'administration Bush, la Réserve fédérale et le *lobby* financier vont faire ce que l'on appelle une « montante[1] ». Ainsi le dollar va-t-il passer de la *cheap money* à la *dumb money*[2]. Les produits financiers vont alors se

1. Technique bien connue des turfistes et autres parieurs, qui consiste à augmenter les mises en cas de perte afin d'essayer de récupérer celles-ci, voire de faire un bénéfice.
2. Daniel Gross, *Dumb Money* [« monnaie idiote »]. *How our Greatest Financial Minds Bankrupted the Nation*, Free Press, 2009.

multiplier. *Hedge funds*, *private equities* et LBO consomment toujours plus de dettes. Les produits dérivés, avec notamment les *credit default swaps*[1] qui ne sont soumis à aucun contrôle, atteignent 62 000 milliards de dollars en 2005. Les prêts immobiliers sont titrisés, les *subprimes* découpés en tranches et revendus aux investisseurs mondiaux avec une notation AAA. La finance est devenue folle.

À la fin de 2006, les premiers clignotants s'allument. Étranglés par la hausse des taux, bien des consommateurs américains ne peuvent plus faire face à leurs échéances. La mèche est allumée et les premiers défauts de paiement apparaissent. Mais, à Washington comme à Wall Street, on continue à porter beau et à jouer l'air de *Tout va très bien, madame la marquise*. Certes, les hommes ont changé, mais le discours est peu ou prou le même.

Ben Bernanke a, comme prévu, succédé à Alain Greenspan en 2006. Le département du Trésor, lui, a un nouveau patron : Henry Paulson a remplacé John Snow qui est allé pantoufler dans un fonds d'inves-

1. Les *swaps* sont une catégorie de produits financiers constitués par des contrats d'échange (*swap*) de flux financiers entre deux parties (banques ou institutions financières). Le *credit default swap* (CDS), échange de la protection sur le risque de crédit d'un émetteur d'obligations.

tissement, Cerberus, le principal actionnaire de Chrysler. Goldman Sachs avait son secrétaire d'État démocrate, Robert Rubin ; il a désormais son républicain, Henry Paulson. La banque ne pouvait rêver mieux. Diplômé de Harvard, l'homme, après un bref passage au cabinet de Richard Nixon, a passé trente ans au sein de la banque d'affaires. C'est dire s'il connaît tous les arcanes de Wall Street et s'il ne faut pas compter sur lui pour remettre en cause la politique et les méthodes qui lui ont permis de faire fortune.

Le trio de l'apocalypse

Ben Bernanke, Henry Paulson… Un troisième homme joue aussi un rôle crucial au cours de ces années 2000 : Tim Geithner. Alors peu connu du grand public, ce protégé de Robert Rubin est un jeune technocrate. Il a occupé diverses fonctions au FMI et au département du Trésor. Ses premiers mentors sont prestigieux : Henry Kissinger, puis Gerald Corrigan de Goldman Sachs[1] et Pete

1. Gerald Corrigan fut également président de la Fed de New York de 1985 à 1993. Son parcours, comme tant d'autres, illustre la consanguinité entre les autorités monétaires et les grandes banques d'affaires.

Peterson du fonds d'investissement Blackstone. À la fin de l'administration Clinton, il travaille directement avec Larry Summers, au Département du Trésor. Ce réseau lui permet d'être choisi, en 2003, comme président de la Banque fédérale de New York, pilier du système de la Réserve fédérale. Le conseil d'administration de la Fed de New York compte du beau monde : Richard Fuld, alors président de Lehman Brothers ; Jeff Immelt, président de General Electric ; Steve Friedman, ancien président de Goldman Sachs ; Ronay Menschel, la femme d'un ancien *senior partner* de Goldman Sachs… Le *board* a demandé à un petit comité – rassemblant le patron d'AIG, ainsi que les anciens présidents de Goldman Sachs, JP Morgan Chase et Lehman Brothers ! – de sélectionner un candidat pour succéder à William McDonough. Tim Geithner sera leur homme. Il n'a certes pas beaucoup d'expérience, mais il peut compter sur ses amis et soutiens pour avoir de bons conseils. La rumeur veut qu'il passe beaucoup de temps au téléphone avec ses mentors. Une anecdote est, à cet égard, révélatrice. Lors d'une conférence en 2006 à l'université de New York, Chris Whalen[1], un des

---

1. Il édite une lettre spécialisée, *Institutional Risk Analyse*.

journalistes spécialistes de la Fed, intervient pour décrire le comportement des banques qui refusent d'accroître leurs fonds propres et leurs ratios pour faire face à d'éventuels défauts de paiement des emprunteurs. Il fustige des banquiers persuadés qu'il « *ne peut pas y avoir de défaut sur les dérivés de crédits* ». Et le journaliste de se tourner alors vers Tim Geithner en lui demandant ce qu'il pense de ce type de discours des banquiers : tenu par le risque de défaut de paiement est-il réellement impossible ? Tim Geithner le regarde, l'œil vide, et prend une autre question. Commentaire de Chris Whalen : « *Visiblement, il n'avait aucune idée de ce dont je lui parlais. Aucun de ses mentors n'était près de lui pour souffler la réponse. Il était comme une biche tétanisée par les phares d'un 50 tonnes.* »

Ben Bernanke, Henry Paulson, Tim Geithner : trois hommes au cœur de la tourmente qui ne va pas tarder à s'abattre sur Wall Street, la finance et l'économie mondiales. Un trio de l'apocalypse, dont deux membres sont encore en poste, sous la présidence d'Obama.

Vendredi 12 septembre 2008, 18 heures : le trio a convoqué la fine fleur de Wall Street à Liberty Street, dans les locaux de la Fed de New

York. L'ordre du jour : le sauvetage de Lehman Brothers, la quatrième banque américaine. D'emblée, Tim Geithner annonce la couleur : pas question pour la Fed de renflouer Lehman Brothers. « *Réfléchissez entre vous à une solution de place. Rendez-vous demain matin à 9 heures.* » Il y a le feu à la planète finance. Les beaux jours sont finis. Après trois ans de *cheap money* et trois ans de *dumb money*, voici venu le temps de la *no money*.

Le premier craquement remonte à l'été 2007. Plus précisément le 18 juillet, jour de l'effondrement de deux fonds d'investissement de Bear Stearns, un des piliers de Wall Street qui venait pourtant d'être promu par le magazine *Fortune* comme « *la plus remarquable des sociétés de valeurs mobilières* ». Une banque française, BNP Paribas, a servi – sans doute involontairement – de détonateur. Beaucoup d'analystes savaient qu'un jour ou l'autre le système allait s'effondrer, mais chacun espérait gagner encore un peu de temps pour engranger un peu plus d'argent[1] : « *Encore un*

1. En 2007, les dix premiers dirigeants de *hedge funds* ont encore gagné 29 milliards de dollars... Soit la paie annuelle de neuf millions de travailleurs.

instant, monsieur le bourreau ! » En fermant trois fonds d'investissement et en passant par profits et pertes ses actifs investis dans les produits financiers sophistiqués américains, la banque française a tiré la sonnette d'alarme pour l'ensemble de la planète financière. Cela faisait quelques semaines que, dans les salles de marché, certains s'inquiétaient. Le marché immobilier se retourne. Les premiers défauts de paiement sont apparus. Or, tous les établissements financiers se sont gavés de *mortgages*. Fanny Mae et Freddie Mac, les deux caisses d'épargne reprivatisées sous Ronald Reagan, ont prêté à tout-va. Le montant de leur portefeuille de prêts est passé de 740 milliards de dollars, en 1990, à plus de 5 000 milliards de dollars. Les *big two* bénéficient de la garantie de l'État. Elles ont non seulement prêté, mais elles ont racheté des prêts un peu partout, les ont transformés en obligations qu'elles ont replacées aux quatre coins du monde. Des obligations cotées AAA par les agences de notation, puisque Fanny Mae et Freddie Mac bénéficient de la garantie de l'Oncle Sam… Ces obligations, qui ne sont finalement que des *junk bonds*, des obligations pourries, ont été achetées, vendues, rachetées, revendues frénétiquement par les *traders* qui, à chaque fois, ont touché des commissions. Mais, si un certain nombre de ces prêts venaient à ne pas être remboursés, les obligations des *big two* ne vaudraient plus grand-chose.

D'un coup, à l'été 2007, la machine commence à se gripper : les banques prennent peur, gèlent leurs actifs qui ne sont pas encore qualifiés de toxiques, et le marché interbancaire s'en ressent. Chaque banque veut conserver ses liquidités, dans la crainte de devoir faire face à des défauts de paiement de ses emprunteurs. Elles se mettent à rechigner à se prêter les unes aux autres. La confiance s'effrite. On bascule d'un excès à un manque de crédit. Peu à peu, cette défiance gagne tous les secteurs de la finance. Le 9 août 2007, à 9 h 35, la BCE injecte 94,8 milliards d'euros. La Fed suivra lors de l'ouverture des marchés à New York : elle offre aux banques pour 24 milliards de dollars de taux à très court terme. Les deux banques centrales se substituent au marché interbancaire. Sans doute, les dirigeants de BNP Paribas ont-ils vu dans ces interventions le signe que la tempête arrivait. D'où la décision de la banque française de fermer les trois fonds.

À la Fed, Ben Bernanke fait décoller son hélicoptère : il baisse les taux et commence à inonder le marché de liquidités. La BCE suit. Mais la spirale à la baisse est enclenchée. Les premières évaluations du montant des pertes potentielles sont publiées. Ben Bernanke évoque quelques dizaines de milliards de dollars. Bien vite, on passe aux centaines de milliards. Wall Street pique du nez et entraîne dans son sillage toutes les Bourses mondiales, avec une autre conséquence : celle d'obliger toutes les grandes entreprises et les sociétés financières à déprécier sur-le-champ, dans leurs bilans, la valeur de leurs titres de participation. Car, dans leur aveuglement idéologique, les Anglo-Saxons viennent d'imposer, au monde entier, l'adoption de nouvelles normes comptables basées sur le principe du *market to market*. Persuadés que les arbres montent jusqu'au ciel, ils espéraient ainsi que la valeur des actifs des entreprises, essentiellement financiers, serait toujours à la hausse, permettant, grâce aux effets de levier, d'emprunter toujours plus pour développer les fusions-acquisitions et toutes les opérations de marché. Tout comme Alan Greenspan a piégé les emprunteurs américains en leur recommandant de s'endetter à des taux variables au moment où il s'apprête à remonter les taux, le *lobby* financier anglo-saxon a imposé ces nouvelles normes au moment où la tendance des marchés boursiers s'inverse.

Les arbres ne montent pas jusqu'au ciel et, fin 2007, les banques et les grandes entreprises doivent comptabiliser leurs actifs à la valeur d'un marché qui n'est déjà plus *booming*, loin de là ! Les normes se retournent contre ceux qui les ont inspirées. Il va falloir provisionner les pertes. Et comme les engagements sont astronomiques par rapport aux capitaux propres, une cascade de faillites s'annonce. Le 7 septembre 2007, Fanny Mae et Freddie Mac sont nationalisées. Dans la foulée, Northern Rock, cinquième banque britannique, spécialisée dans les crédits immobiliers, demande le secours de la Banque d'Angleterre. Après quelques tergiversations, elle est nationalisée en février 2008. Mais les interventions des banques centrales et des États ont beau se multiplier, elles se font toujours avec un temps de retard. Et ne font qu'accréditer les scénarios les plus pessimistes.

Tuer ou être tué

Lorsque tout allait bien, que le crédit, les profits, les bonus et les *fees* coulaient à flots, le *lobby* financier faisait bloc pour obtenir toujours plus d'avantages. Certes, les banques étaient en concurrence, mais le gâteau était si gigantesque que chacune avait sa part. Et lorsqu'il y avait fusion, rachat ou changement de *management*, les conditions réservées aux dirigeants étaient si intéressantes[1] que personne ne se plaignait. Au début de l'année 2008, le climat change de fond en comble. C'est le *struggle for life*, le chacun pour soi. Pour les grandes banques d'affaires, c'est tuer ou être tué. Wall Street se transforme en Dallas avec son univers impitoyable.

Bear Stearns est la première victime. Ce *broker* devenu *investment bank* devait faire face, depuis la fermeture de ses deux *hedge funds*, à une rumeur récurrente. Acteur important du marché des *subprimes*, on s'interroge sur la valeur réelle de ses actifs. Or, du fait de son statut, la banque

1. Les parachutes dorés et les *stock-options* étaient là pour panser les blessures des ego.

n'entre pas dans le système de la Réserve fédérale et ne peut donc pas se refinancer auprès d'elle. Bear Stearns va être victime d'un *bank run*, c'est-à-dire que tous les établissements financiers qui ont des actifs chez elle vont chercher à les récupérer le plus vite possible. Lorsqu'un tel phénomène touche une banque de dépôt, les clients font la queue devant les guichets pour retirer leur argent. Dans le cas d'une banque d'affaires, il suffit d'une transaction électronique. Le *bank run* est précipité par une déclaration du président de Bear Stearns indiquant que *« contrairement aux rumeurs, la banque n'a pas de problèmes de liquidités »*. C'est le genre de propos qui suscite les réactions inverses au but recherché. Le 11 mars 2008, la Fed décide, pour la première fois depuis 1929, d'admettre les banques d'investissement, dont Bear Stearns, à ses opérations de refinancement. Ce jour-là, cette dernière dispose encore de 17 milliards de dollars de liquidités. Soixante-douze heures après, le vendredi 14 mars, elle n'a plus un sou. La garantie de la Fed a été inopérante ; les consœurs de la banque ont vidé ses caisses. JP Morgan et la Fed annoncent alors qu'elles octroient un prêt à Bear Stearns pour lui éviter la faillite. Il se produit à nouveau l'effet inverse. L'action, qui s'est déjà effondrée depuis le début de l'année, perd 50 % de sa valeur en vingt minutes. Le 18 mars, JP Morgan annonce qu'elle rachète Bear Stearns à 2 dollars l'action[1]. C'était ça ou la faillite. Certains se demanderont si JP Morgan n'a pas, d'une façon ou d'une autre, participé au *bank run*, sachant qu'au bout du compte la Fed se tournerait vers elle pour reprendre Bear Stearns et qu'elle mettrait la main à la poche pour faciliter l'opération, avec la bénédiction du Trésor. De fait, JP Morgan obtient de la Fed un refinancement et une garantie de 29 milliards de dollars sur le prêt qu'elle octroie elle-même à Bear Stearns. La Fed et Henry Paulson ne demandent, en contrepartie, aucun engagement. Le contribuable américain a mis le doigt dans l'engrenage. JP Morgan[2], elle, fait une bonne affaire. À lui seul, le siège social de Bear Stearns représente plus que le prix d'achat global. L'action de JP Morgan bondit au lende-

1. L'action Bear Stearns cotait 170 dollars début 2006 et encore 93 dollars début février 2008.

2. Les petits génies de JP Morgan sont les inventeurs des CDS (*credit default swaps*) en 1998. Lire, à ce sujet, l'ouvrage d'un journaliste du *Financial Times*, Gillian Tett : *Fool's Gold : How Unrestrained Greed Corrupted a Dream, Shattered Global Markets and Unleashed a Catastrophe*, Free Press, 2009.

main de l'opération : sa capitalisation boursière augmente de 11 milliards de dollars, soit la valeur comptable des actifs de Bear Stearns, dont personne ne voulait quelques jours auparavant.

Tous ceux qui ont épluché les écrits de Ben Bernanke savent que l'homme continuera d'inonder le marché de liquidités à des taux toujours plus bas pour éviter l'effondrement du système. N'a-t-il pas expliqué que la Grande Dépression avait été amplifiée par l'attitude de la Fed qui avait coupé les robinets du crédit au lendemain du krach ? En mai 2008, la Fed accorde 150 milliards de garanties aux organismes de crédit et 100 milliards aux banques de dépôt. Mais le trio de l'apocalypse est bien incapable d'enrayer la pandémie. Fin juin, le premier assureur mondial, AIG[1], se voit contraint d'annoncer qu'il a comptabilisé dans ses réserves techniques des titres spéculatifs. Il s'agit de CDS (*credit default swaps*), adossés à des CDO (*collateralised debt obligations*), obligations qui sont elles-mêmes composées de

1. Les équipes d'AIG ont participé, avec celles de JP Morgan, à la création des CDO et CDS. Elles pensaient alors avoir trouvé la martingale de la finance moderne : l'association d'une banque d'investissement prestigieuse, d'un assureur tout aussi prestigieux et de modèles mathématiques devait faire disparaître le risque financier.

RMBS (*residential mortgage-backed securities*). Une magnifique cascade de produits dérivés, notés AAA, qui, avec la crise immobilière, ressemblent fort à des *junk bonds*. Il y en a pour 441 milliards de dollars. Ben Bernanke, Henry Paulson et Tim Geithner savent, en cet été 2008, qu'ils vont devoir sauver AIG. Une faillite de l'assureur est impensable. Son rôle dans la finance globalisée est tel que sa disparition entraînerait un effondrement du système bancaire mondial ; c'est la fameuse crise systémique. Faut-il alors se disperser, sauver d'autres établissements, quitte à manquer ensuite de munitions pour AIG ? Wall Street va devoir sacrifier plusieurs autres de ses plus beaux fleurons. Ils sont tous malades, mais le jeu va consister à faire croire que le voisin est encore plus mal en point. Lehman Brothers va faire les frais de cette partie de chaises musicales.

Le vilain petit canard

Dans cet univers particulier qu'est Wall Street, deux groupes ont traditionnellement occupé le devant de la scène : les banques protestantes et les grandes banques juives. JP Morgan entre dans la première catégorie ; Goldman Sachs dans la seconde. Lehman également, à ceci près que ses équipes et ses dirigeants n'ont jamais véritablement fait partie de l'*establishment*. Ce sont souvent des *self-mademen*, montés à la force du poignet et considérés par l'*establishment* financier, tant protestant que juif, un peu comme des marginaux. On les tolère, on peut les intégrer dans les cercles de décision, mais ils ne font pas vraiment partie de la famille. Entré chez Lehman Brothers en 1969, Richard Fuld a, comme tant d'autres, gravi tous les échelons. L'homme est brutal, cassant. Il a construit son pouvoir en s'entourant d'une garde rapprochée. Lehman a connu au cours des dernières décennies une vie agitée, notamment lors de l'affrontement interne entre les banquiers traditionnels (les *Waspy Ivy Leagues*) et ceux qui voulaient que l'établissement se lance dans les nouveaux métiers de la finance, le *trading*. Richard Fuld épouse alors la cause de ces derniers. Son mentor, Lew Glucksman, était animé par un ressentiment de classe à l'égard de ces « *fucking bankers*[1] ». Toute cette époque a

1. Le langage est particulièrement cru dans ce monde de la haute finance américaine. De quoi choquer les banquiers traditionnels de la Vieille Europe.

laissé des traces et vaudra à Richard Fuld d'être qualifié de « gorille » par l'*establishment*, car il a plutôt tendance à s'exprimer par des grognements qu'avec des phrases bien construites.

En 1984, Lew Glucksman, qui était un excellent *trader* mais un mauvais *manager*, a conduit Lehman au bord du gouffre. La banque ne s'en sort qu'en fusionnant avec American Express. Dix ans après, la fusion a échoué et Amex se sépare de Lehman. Bien peu, à l'époque, parient sur l'avenir de ce qui n'est plus qu'une petite « boutique » spécialisée sur le marché des obligations. Richard Fuld en est nommé président par défaut : il est pratiquement le seul dirigeant à être resté sur le navire. Il s'entoure d'une équipe tout aussi âpre au gain que lui et va profiter de l'explosion des marchés financiers. Pas de diplômés des grandes écoles, pas de *supertraders*. Mais, selon un des membres de son comité de direction, ils ont tous un objectif commun : *« Nous avons tous été pauvres, et nous ne voulons pas le redevenir. »* Richard Fuld enrichit ses équipes grâce aux *stock-options*. Chez Lehman, les employés perçoivent la moitié de leur salaire sous cette forme (la norme à Wall Street est d'un quart seulement). Pour fidéliser ses troupes, il faut donc que l'action monte sans cesse. C'est ce qui se passera pendant plus de dix ans, avec un gain moyen annuel de 25 %. Mais, pour faire monter l'action, Lehman doit grossir, grossir, se lancer dans tous les métiers, prendre des risques (comme les autres, et même un peu plus que les autres). Richard Fuld se voit comme un chef de guerre. Il a une vision paranoïaque du monde (les faits lui donneront raison). « *Chaque jour est une bataille,* répète-t-il à ses directeurs. *Vous devez tuer vos ennemis parce qu'ils essaient de vous tuer. Nous devons montrer aux gens qu'ils ne doivent pas nous sous-estimer.* » Voilà pour le discours en interne. Vis-à-vis de l'extérieur, Richard Fuld arrondit un peu plus les angles. Il s'imagine être au mieux avec Henry Paulson, son confrère et concurrent de Goldman Sachs. Il est au *board* de la Réserve fédérale de New York et a participé au choix de Tim Geithner. Reste qu'au début de l'année 2008 il commet l'irréparable.

En une semaine et trois *deals*, sa banque devient le numéro un en fusions-acquisitions. Jusqu'alors, Lehman n'était qu'un acteur moyen de ce secteur, chasse gardée de JP Morgan et Goldman Sachs. Mais Richard Fuld veut devenir le *number one*. Il s'implique dans trois grandes opérations : le rapprochement du Chicago Mercantile

Exchange avec le New York Stock Exchange ; le rachat de 12 % de Rio Tinto, société spécialisée dans l'exploitation minière, par Alcoa et Chinalco ; l'OPA de Microsoft sur Yahoo[1]. Trois *deals* d'un montant total de 73,7 milliards de dollars qui génèrent de très importantes commissions. Ce faisant, Richard Fuld n'a sans doute pas compris qu'il franchissait une ligne jaune. Les rumeurs sur la santé de Lehman Brothers se développent au printemps et prennent de l'ampleur pendant l'été. C'est que le feu se propage, et les pompiers de la Fed sont toujours impuissants à le maîtriser.

Le 11 juillet 2008, la banque IndyMac, le plus important prêteur immobilier de la Californie, fait faillite. Mi-juillet, Fanny Mae et Freddie Mac sont au plus mal, et la Maison-Blanche met en place un plan de 300 milliards de dollars pour garantir une partie de leurs prêts immobiliers. Le 9 juin, Lehman annonce simultanément une perte de 2,8 milliards de dollars pour ce second trimestre, et une augmentation de capital de 6 milliards auprès d'investisseurs de premier rang. Une annonce qui a un effet désastreux sur

1. L'OPA de Microsoft sera retirée en juin 2008. Un partenariat est finalement conclu en juillet 2009.

le marché. La banque a 619 milliards de dollars de dettes pour 25 milliards de capitaux propres et 639 milliards d'actifs théoriques. Mais, avec la crise, ces derniers fondent comme neige au soleil. Richard Fuld appelle de plus en plus souvent Henry Paulson. Il veut croire que le secrétaire d'État au Trésor ne le laissera pas tomber. Enfermé dans ses certitudes, il ne se rend pas compte que le vide est en train de se faire autour de Lehman. Les investisseurs pressentis, à commencer par Warren Buffett, mettent de telles conditions que l'augmentation de capital tarde à se réaliser. Les avertissements se multiplient. Un des anciens *managers* de Lehman, qui pilote un grand *hedge fund*, adresse un *e-mail* à ses collègues de la banque : « *Vous devez être beaucoup moins arrogants et admettre que quelques erreurs majeures ont été faites. Vous ne pouvez pas continuer à dire : "Nous sommes les meilleurs et le marché ne nous comprend pas."* » En fait, le marché veut une nouvelle tête. Ce sera celle de Richard Fuld et Lehman qui tombera.

Le patron de la banque tente de sauver les meubles en lâchant quelques-uns de ses collaborateurs. Trop tard. En août 2008, il ne cherche plus des investisseurs, mais un acheteur. Toute la planète financière a été contactée. Dans le climat de *credit crunch* et de panique qui s'installe, personne ne veut se lancer dans l'aventure. Richard Fuld appelle Bank of America. Il va à Canossa : « *Je pense que je peux encore servir si je reste président, mais ce n'est pas une condition. Le prix non plus n'est pas un problème. En revanche, il faudrait garder le nom de Lehman et faire en sorte que la plupart des emplois soient préservés.* » Richard Fuld passe des heures au téléphone avec Henry Paulson. Les rumeurs courent de plus belle. Le 9 septembre, JP Morgan, un des principaux pourvoyeurs de fonds au jour le jour de Lehman, poignarde la banque. Un des responsables de l'*investment banking* appelle Richard Fuld : « *Si, demain, vous ne nous avez pas apporté une garantie de 5 milliards de dollars* cash, *JP Morgan gèlera vos comptes et ne vous fournira plus d'argent au jour le jour. Comprenez bien que nous devons défendre en priorité les intérêts de nos clients.* » La messe est dite.

En cette mi-septembre 2008, le climat tourne à l'hystérie à Wall Street et à Washington. Le Congrès, les contribuables commencent à trouver qu'on en fait un peu trop pour des banquiers qui ont précipité le pays dans la crise. Lehman se raccroche à l'espoir que Bank of America ou la

Barclays britannique va la racheter. Mais la première a une autre idée en tête qui lui semble plus intéressante : reprendre Merrill Lynch et ses seize mille courtiers (elle annoncera l'opération le 15 septembre). Quant à la seconde, elle est un peu plus intéressée, mais elle prévient le Trésor qu'elle veut une garantie d'au moins 50 milliards de dollars pour compenser les actifs pourris qu'elle risque de trouver chez Lehman. Les équipes de Bank of America et de Barclays expliquent à qui veut les entendre : *« Avec les actifs de Lehman, on est sûr de perdre de l'argent. »* Du coup, le Trésor et la Fed hésitent à donner leur garantie. Ils voudraient en revanche qu'une telle garantie soit apportée par les grandes banques de la place, dans le cas d'un rachat par Barclays. *« Pourquoi devrions-nous sauver Lehman ? »* demande un banquier lors de la réunion avec Henry Paulson et Tim Geithner. Sans garantie, Barclays n'ira pas. On dit même que Gordon Brown est personnellement intervenu pour bloquer l'opération, craignant que Lehman n'infecte le système bancaire britannique. Dès lors, il n'y a plus qu'une issue : la mise en faillite.

Pourquoi le Trésor et la Fed n'ont-ils pas sauvé Lehman, quitte à nationaliser la banque, voire à aider financièrement un acquéreur ? Certains voient dans cette attitude la volonté de Henry Paulson d'éliminer un des concurrents de Goldman Sachs. Il y a sans doute du vrai dans cette vision des choses. En outre, pour les acquéreurs éventuels, il est moins risqué et moins onéreux de racheter des actifs après faillite qu'avant. C'est l'option de la Barclays qui rachète finalement l'activité de Lehman pour 250 millions de dollars seulement, et son siège new-yorkais pour 1,5 milliard[1]. Avec la faillite de Lehman, la Fed et le Trésor ont voulu faire un exemple. Ils ont choisi le maillon faible de l'*establishment* financier, le vilain petit canard, celui qui s'était mis à dos les bons élèves de la classe. On coupe un bras pour sauver le malade et, en même temps, on montre aux yeux du monde que le contribuable américain ne sera pas systématiquement le payeur en dernier ressort. Oui, une grande banque peut être mise en faillite. Mais, en lâchant Lehman, le trio de l'apocalypse accélère la crise : de financière, elle devient globale.

---

1. Cette opération va booster les résultats de Barclays en 2009. En outre, la faillite de Lehman va faire vivre, pendant des années, une armada de *lawyers* qui facturent au prix fort leurs audits et autres interventions.

Chapitre 4

D'AIG à Madoff

La faillite de Lehman Brothers occulte quelque peu l'autre décision de Henry Paulson et de la Fed : ils accordent à AIG ce qu'ils ont refusé à Richard Fuld. La Fed apporte, le 16 septembre 2008, 85 milliards de dollars à l'assureur et prend, en échange, 80 % de son capital. Au début de l'automne, on présente cette opération comme une nationalisation d'AIG. Compte tenu du statut de la Réserve fédérale, c'est un peu plus subtil. On reste dans le cadre du système monétaire américain, mi-public, mi-privé. Cette solution ne remet pas foncièrement en cause la rémunération des dirigeants d'AIG qui continuent à percevoir les mêmes émoluments, ce qui provoquera un « scandale » quelques mois plus tard. Une solution qui permettra également de sauver quelques-unes des plus grandes banques occidentales : l'argent de la Fed, complété ensuite par une garantie directe du Trésor, sert en priorité à rembourser les créances qu'elles détiennent chez AIG. Celui-ci a souscrit des contrats assurant le remboursement d'emprunts à risque qui n'ont plus de valeur. Le principal bénéficiaire de ces versements n'est autre que Goldman Sachs qui récupère ainsi, en mars 2009, 12,9 milliards de dollars.

Mais l'intervention de la Fed en faveur d'AIG s'accompagne d'une autre décision passée relativement inaperçue. Le même jour, le département du Trésor annonce que, pour la première fois de son histoire, il va commencer à émettre des obligations pour le compte de la Réserve fédérale, pour aider cette dernière à faire face à des besoins monétaires sans précédent. Pour comprendre l'importance de cette décision, il faut se pencher sur la mécanique monétaire. Théoriquement, c'est la Fed qui est le prêteur en dernier ressort. Elle a été créée pour alimenter le système bancaire et le gouvernement fédéral en dollars. Pourquoi le Trésor doit-il émettre des bons, c'est-à-dire de la dette, pour irriguer la Fed en monnaie ? C'est le monde à l'envers ! Il semble que, derrière cette petite révolution, il y ait la volonté du système monétaire et financier américain de procéder à une sorte de double *swap*, avec la Fed au milieu. Les banques transfèrent leurs actifs toxiques à la Réserve fédérale et reçoivent en échange du *cash*. Avec cet argent, elles achètent des obligations émises par le Trésor, bénéficiant du fameux AAA. Le Trésor, lui, reprête ensuite à la Fed, et la boucle est bouclée. *In fine*, les actifs pourris ont été transformés en du « AAA », mais cet assainissement revient à faire de la dette d'État une dette qui va singulièrement enfler. Tout comme le bilan de la Fed qui se gonfle des mauvais actifs bancaires.

Le 3 octobre, le gouvernement fait approuver par le Congrès un plan de sauvetage, le *Troubled Asset Relief Program*, dit TARP, qui prévoit notamment l'injection de 700 milliards de dollars dans le système bancaire, soit pour racheter des actifs toxiques, soit sous forme de garantie pour les banques. Au passage, Wall Street a obtenu un avantage non négligeable. Un article de la loi prévoit que la Fed versera dorénavant un intérêt sur toutes les réserves que les banques détiennent chez elle. Une disposition qui existe depuis toujours en Europe, mais exclusivement pour les réserves excédentaires. La part des réserves dites obligatoires n'y est pas rémunérée. Mais les États-Unis innovent bizarrement ; compte tenu du fait que le système de la Réserve fédérale ne rétrocède au Trésor que 85 % de ses profits, et que les banques privées perçoivent en outre un dividende de 6 % sur leur capital immobilisé[1], les réserves obligatoires n'étaient pas non plus rémunérées. Ce changement est majeur, car le total des prêts au système bancaire de la Fed atteint alors 7 000 milliards de dollars. Les réserves obligatoires sont de 10 %, soit 700 milliards. Dorénavant, ces 700 milliards seront rémunérés. À quel taux ? En principe, à celui des Fed *funds*, donc voisin de zéro[2]. Mais qu'en sera-t-il demain ?

Après le sauvetage d'AIG, les faillites et les reprises de banques se multiplient. Successivement, JP Morgan rachète Washington Mutual. Puis, c'est au tour de Wachovia Bank de reprendre Wells Fargo. Juste après la faillite de Lehman Brothers, Goldman Sachs et Morgan Stanley

---

1. Voir note p. 24-25.

2. Depuis le 1er avril 2009, ce taux est de 0,25 % pour les réserves obligatoires et les réserves excédentaires. C'est-à-dire dans la fourchette haute du taux des Fed *funds* (0-0,25 %). Les banques ont intérêt à emprunter des Fed *funds* pour les reprêter… à la Fed !

adoptent le statut de banque commerciale (JP Morgan l'a déjà grâce à Chase Manhattan). Autrefois, les deux banques d'affaires ne voulaient pas de ce statut, afin que leurs activités de *hedge funds* et de dérivés de crédits échappent à la surveillance des régulateurs. Mais, là, elles ont un besoin urgent de protection. En intégrant le système de la Réserve fédérale, elles vont bénéficier du parapluie et du soutien financier de la Fed. Car Ben Bernanke aide le système. Massivement.

Dans un premier temps, il a envisagé, avec Henry Paulson, de faire racheter les actifs toxiques directement par le Trésor. Mais sur quelles bases ? Compte tenu de l'état du marché, leur valeur ne pourrait être que très basse. En outre, si les hauts fonctionnaires sont proches des banquiers, leur administration est beaucoup moins encline à les aider ; elle risquerait de freiner tout montage donnant le sentiment que le Trésor, c'est-à-dire le contribuable, paie trop cher ces actifs toxiques (on est alors en pleine campagne électorale…). Enfin, les banques préfèrent un autre système qui repousse les échéances. « *Tant qu'on n'a pas vendu, on n'a pas perdu* », dit le dicton boursier. Elles appliquent le même principe à leurs actifs toxiques : « *Tant qu'ils restent notre propriété, nous n'avons pas à afficher de perte définitive dans nos comptes.* » Persuadées qu'elles tireront leur épingle du jeu, elles ne veulent pas « brader » ces actifs. Henry Paulson et Ben Bernanke ont donc remisé leur première idée et l'ont transformée en un vaste programme d'aides directes aux banques par le Trésor de 700 milliards de dollars : le TARP.

Le Trésor injecte ainsi 250 milliards de dollars dans le capital des dix-neuf plus grandes banques ; quatre d'entre elles – Bank of America, Citigroup, JP Morgan Chase et Wells Fargo – recevant 25 milliards chacune, et Goldman Sachs, 10 milliards. AIG bénéficiera de trois rallonges de 100 milliards au total, et Citigroup repassera à la caisse pour 50 milliards supplémentaires. Le Trésor reçoit en échange des actions sans droits de vote portant un intérêt de 5 %.

Ce TARP ne sera pas utilisé en totalité sous George W. Bush. Par la suite, Barack Obama imposera aux banques bénéficiaires de l'aide de respecter des normes strictes en matière de rémunération des cadres dirigeants. Le TARP est complété, fin novembre 2008, par un TALF (*Term Asset-Backed Securities Loan Facility*) destiné à garantir les établissements financiers contre des défauts de paiement dans tous les secteurs du crédit à la consommation. La Fed met au total 800 milliards sur la table : 200 pour les cartes de crédit, les prêts étudiants et le crédit automobile ; et 600 milliards pour racheter des mauvais *mortgages* à Fannie Mae et Freddie Mac.

Tout cela donne le sentiment d'une grande improvisation. À Daniel Gross qui s'en étonne, Henry Paulson explique : « *On pourrait certes perdre beaucoup de temps à discuter des causes de la crise, mais, pour moi, la seule question est de savoir comment on fait pour passer la prochaine nuit.* » De fait, il n'y a plus de pilote dans l'avion. Rien d'étonnant à cela : l'Amérique est plongée dans la campagne présidentielle. L'administration Bush n'est là que pour quelques semaines encore, et l'élection n'aura lieu que le 4 novembre. La crise financière n'a pas été intégrée dans les agendas des candidats. Certes, tous savaient que le feu couvait, mais ni les républicains ni les démocrates n'avaient réellement réfléchi à la situation. Pour les uns, il était hors de question de remettre en cause les dogmes fondateurs du capitalisme libéral. Le modèle choisi sous Ronald Reagan et poursuivi pendant les huit ans de l'administration Bush ne souffrait aucune discussion. Pour les autres, les démocrates, du moins l'appareil du parti et les équipes de Hillary Clinton, il n'était pas question non plus de modifier de fond en comble une économie fondée sur la dette, la financiarisation et la globalisation. Ni les uns ni les autres n'avaient donc réfléchi à un nouvel ordre économique mondial, ni même à une simple réforme. Il est vrai que tous sont parfaitement en phase avec le *lobby* financier.

Les clintoniens et Wall Street

Au début des années 1990, Robert Rubin a théorisé les liens avec Wall Street, qui doivent permettre au Parti démocrate de devenir « *le parti préféré d'un secteur financier traditionnellement centriste* ». La grande idée, c'est la démocratisation de l'argent, grâce à la convergence du pouvoir des fonds de pension, la diffusion massive des *mutual funds* auprès des épargnants et la généralisation des *stock-options*. Ainsi, les marchés financiers ne doivent-ils plus être réservés à une petite caste, mais bénéficier à l'ensemble de la population. Les démocrates deviennent « *le parti de Wall Street et de Main Street, des riches et des pauvres, ouvert sur le monde à travers un New York cosmopolite, les républicains étant rejetés sur leurs bases sudistes, texanes, réactionnaires*[1]*...* ».

On assiste au même phénomène en Grande-Bretagne avec Tony Blair et celui qui, à l'époque, est son chancelier de l'Échiquier, Gordon Brown. Le New Labour et la City ont noué les mêmes liens incestueux que les démocrates avec Wall Street. Gordon Brown a pris un certain nombre de mesures fiscales en faveur de la finance, notamment en réduisant l'impôt sur les plus-values. Il a également rassemblé différentes instances de régulation au sein du Financial Services Authority, chargé d'instiller simplement une touche de régulation. Une politique alignée sur celle d'Alan Greenspan, de Robert Rubin et de Lawrence Summers. Ce lien entre Wall Street et la City est bénéfique, dans un premier temps, pour Londres. La Grande-Bretagne a tout misé sur la finance. Toutes les grandes banques d'investissement américaines s'installent à Londres et font de la City leur tête de pont pour les opérations en Europe et même aux quatre coins du monde. Les méthodes américaines, l'économie de la dette et les produits financiers complexes ont

---

1. Cité par Daniel Gross, *Bull Run : Wall Street, the Democrats, and the New Politics of Personal Finance*, Publics Affairs, 2000.

infecté le système bancaire britannique et, avec lui, toute l'économie de la Grande-Bretagne. C'est ce qui explique que la crise y est plus durement ressentie qu'en France, par exemple.

Bill Clinton comme Tony Blair pensent avoir inventé la martingale politique. Cela n'empêche pas les républicains et George W. Bush de gagner en 2000. Il est vrai que le krach des valeurs Internet est passé par là et a quelque peu mis à mal la théorie de Robert Rubin. Le 11-Septembre et la lutte contre le terrorisme font passer au second plan les ambitions démocrates. Mais, dès la réélection de George W. Bush en 2004, la machine Clinton s'est remise en route ; non plus pour Bill, mais pour Hillary. Les équipes reprennent du service, et Wall Street est mise à contribution. Le secteur financier est le principal bailleur de fonds du Parti démocrate. En 2004, 71 % des dons de l'industrie des *hedge funds* vont aux démocrates, et le sénateur de New York, Charles Schumer, en est le principal bénéficiaire. En 2006, l'Association des sociétés de *private equity* leur apporte 70 % de ses dons. À New York, le *top management* des grandes firmes penche du côté démocrate : Sandy Weill et Robert Rubin chez Citigroup, Jamie Dimon et Michael Cavanaugh chez JP Morgan

Chase, et Robert Wolf, le patron d'UBS America. Ils sont ensuite rejoints par des républicains déçus par George W. Bush : Richard Fuld de Lehman Brothers et John Mack de Morgan Stanley. Toutes ces dernières années, le poids des clintoniens s'est accru sur la côte Est : Jon Corzine, ancien dirigeant de Goldman Sachs, est devenu le gouverneur démocrate du New Jersey. Ces liens incestueux sont parfaitement décrits en 2007 par l'un des anciens ministres de Bill Clinton, Robert Reich, secrétaire d'État au Travail, sans doute un des membres les plus lucides et les plus talentueux de l'ex-administration : « *Vous pouvez croire que les démocrates feront quelque chose sur les anomalies du Code des impôts qui privilégient les revenus tirés du* private equity *et les plus-values des* managers *de* hedge funds, *par rapport aux revenus du travail. Ils sont taxés à 15 % seulement, bien moins que le taux moyen d'imposition de la majorité de la* middle class. *Mais les sénateurs démocrates ont précisément enterré une proposition allant dans ce sens. Pourquoi ? Tout simplement parce que les démocrates récoltent des contributions bien plus importantes que les républicains des* hedge funds *et du* private equity. *Ils ne veulent pas mordre la main qui les nourrit.* »

Le fait que les Clinton aient choisi New York comme plateforme pour les ambitions présidentielles de Hillary n'est pas neutre. Grâce à Wall Street et à son aura auprès de tous ceux qui gravitent autour de la sphère financière, elle est facilement élue sénateur. Quant à son mari, il y installe sa fondation, une formidable machine qui draine les contributions bien évidemment désintéressées et préserve un tissu relationnel. Bill Clinton fait fortune en enchaînant – comme tant d'autres hommes politiques (mais pas au même tarif) – *speech* sur *speech* devant des auditoires financiers et en se faisant rémunérer comme consultant de sociétés de *private equity*[1] (notamment Yucaipa Companies, propriété d'un de ses amis, le milliardaire Ronald Burkle). Chelsea Clinton, sa fille, a travaillé pour le *hedge fund* de Marc Lasry, un très important contributeur de la famille. Wall Street a donc, en grande majorité, choisi Hillary Clinton comme candidate à l'élection présidentielle, et ce dès le milieu des années 2000. L'appareil du parti, notamment les élus des grands centres financiers du pays, va dans le même sens.

---

1. *New York Times*, 23 avril 2006.

Le phénomène Obama qui se manifeste dès la fin de l'année 2007 les prend de court. L'homme pense à la présidentielle depuis longtemps. Il y a près d'une dizaine d'années, il a étonné un vieux routier de la politique, Zbigniew Brzezinski, un des anciens conseillers de Jimmy Carter, en lui demandant quelques conseils pour figurer dans la course à la Maison-Blanche… et gagner. Il réussit à contourner Hillary Clinton, ses bataillons traditionnels et ses contributeurs financiers, en misant sur Internet et les jeunes volontaires bénévoles. Plus sa candidature devient crédible, plus il draine de l'argent de petits contributeurs et plus l'*establishment* démocrate se rapproche de lui. Hillary Clinton vit très mal cette campagne des primaires. Persuadée que le temps est venu pour les États-Unis d'élire une femme président – et qu'elle est, bien évidemment, la mieux placée –, elle se voit brusquement concurrencée puis doublée par le représentant d'une minorité visible. Non pas un descendant des esclaves noirs, mais un métis, fruit de l'union d'un Kenyan et d'une Américaine blanche, particulièrement atypique. Un Noir américain aurait eu peu de chances d'être élu. Qu'il le veuille ou non, il aurait été porteur de tout le ressentiment que les descendants des esclaves nourrissent à l'égard de la communauté blanche, même s'ils se sentent profondément américains. À l'inverse, une partie de l'électorat blanc traditionnel, y compris chez les démocrates, aurait rechigné à voter pour un Noir. Barack Obama, par sa naissance et son parcours, ne porte en lui aucun ressentiment racial. Il n'est pas un descendant des esclaves, il n'a pas de comptes à régler. Il est psychologiquement neutre, ce qui lui a vraisemblablement permis d'écrire sur ce sujet l'un des plus beaux discours qui soient[1]. Il est, au contraire, l'exemple du *melting-pot* et du rêve américain. Sa femme, une pure Afro-Américaine, lui apportant le vote de la communauté noire, il ratisse très large, notamment chez les jeunes et tous ceux qui estiment que le moment est venu pour l'Amérique de prendre les problèmes à bras-le-corps. Les États-Unis ont choisi de sauter une étape – celle d'une femme à la Maison-Blanche – et d'élire un Noir.

Hillary Clinton met quelques semaines à digérer sa défaite aux primaires. Mais, à la convention démocrate, le 25 août 2008, elle se rallie à Barack Obama et joue honnêtement le jeu par la suite.

1. Discours de Philadelphie, 18 mars 2008.

Son ralliement franc, sinon sincère, est conclu en échange d'une place importante dans la future équipe présidentielle pour elle et ses amis. C'est vraisemblablement là que tout s'est joué, car ce *deal* se noue en pleine crise financière. Celle-ci va indiscutablement servir Barack Obama.

Comment le *lobby* a infiltré l'équipe Obama

Pour l'opinion publique américaine, l'effondrement du système financier est le symbole de la chute de la maison Bush. Elle veut du neuf et tirer un trait sur ces années qui virent au cauchemar. Dès lors, le sort de l'élection paraît scellé. Même si le candidat républicain John McCain n'a jamais été un bushiste, ni même un néoconservateur, le discrédit de l'administration Bush est tel qu'il n'arrivera jamais à se défaire de la tache qui marque les républicains. Dès le mois de septembre, on sait que Barack Obama va gagner. Pour Hillary Clinton et le *lobby* financier, il s'agit alors de s'insérer dans le futur dispositif présidentiel pour éviter que ce président novice ne fasse des impairs ou, pis, ne se laisse influencer par des conseillers moins sensibles aux arguments de Wall Street et des grands *lobbies*.

Barack Obama a refusé la demande de Hillary Clinton d'être choisie comme vice-présidente. Pas question d'introduire un caïman directement à la Maison-Blanche. Michelle Obama, qui n'a jamais pardonné à Hillary Clinton des propos ambigus sur les liens supposés de son mari avec l'islam, s'y est formellement opposée. Son mari lui a donc proposé le poste de secrétaire d'État aux Affaires étrangères, ce qui présente un double avantage : utiliser son réseau relationnel planétaire et la faire beaucoup voyager. Mais Hillary Clinton amène dans ses bagages un certain nombre de clintoniens, dignes représentants de l'industrie financière. À commencer par Lawrence Summers et Tim Geithner. Barack Obama se laisse faire, car il n'a pas d'équipe. Son principal conseiller économique, un jeune universitaire, Austan Goolsbee, est bientôt éjecté par la « bande à Rubin ». Celle-ci prend pour prétexte de son éviction l'une de ses bourdes : aux Canadiens inquiets des propos critiques de Barack Obama sur l'association de libre-échange Nafta, Goldsbie a expliqué qu'il s'agit de propos électoralistes et qu'il ne faut pas y attacher trop d'importance.

Lorsque la crise éclate, les hommes de Rubin sont déjà aux commandes dans l'entourage d'Obama. Ils sont même au four et au moulin, puisqu'ils participent directement, à travers Tim Geithner (dont tout le monde sait qu'il est le protégé de Lawrence Summers), au plan de sauvetage de la finance américaine. « *Sauvons les banques, du moins celles qui subsistent, et nous sauverons le reste de l'économie.* » Telle est la ligne adoptée par l'administration Bush en fin de mandat et par la future administration Obama qui commence à prendre en main des dossiers qu'elle connaît bien, puisqu'elle a été au cœur des affaires financières. Il y a, dans ce domaine, une vraie continuité. Reste qu'au lendemain de l'élection de Barack Obama, en novembre 2008, on ne le sait pas encore. Car la crise occulte toute analyse en profondeur.

Tel un château de cartes, l'économie mondiale est en passe de s'effondrer. La crise bancaire et financière s'est répandue à la vitesse d'Internet. L'Islande, présentée comme le modèle du capitalisme libéral, est en faillite. Tous les gouvernements européens sont contraints de monter en ligne et de renflouer leur système bancaire. Les uns, comme le Royaume-Uni, nationalisent purement et simplement les banques les plus malades. Les autres, la France notamment, mettent en place des systèmes similaires au plan Paulson : on aide les banques sous forme d'apports en capital rémunérés, pouvant être transformés en actions, et de garanties de prêts. Sans que le public comprenne bien la différence entre les deux. Ainsi, en France, la communication gouvernementale est très mauvaise, puisque l'opinion est persuadée que les 300 milliards d'euros de garantie accordés par l'État au système bancaire sont des injections d'argent frais, alors qu'il s'agit d'une garantie maximale éventuelle.

L'heure de gloire de Sarkozy

Les États-Unis apparaissent comme le principal fauteur de troubles, le pays par lequel le scandale arrive. Face aux pressions des Européens, eux-mêmes gagnés par la panique, et de ses principaux créanciers (la Chine, le Japon et l'Arabie saoudite), l'administration Bush accepte de réunir en catastrophe un G8 élargi, qui devient donc un G20, à Washington. Avec un ordre du jour aussi vaste que creux : *« Comment réagir face à la crise financière ? »*

En fait, personne n'a rien préparé, sauf les Français. Nicolas Sarkozy, qui a la charge pour six mois de la présidence de l'Union européenne, s'est montré particulièrement actif depuis le 15 septembre. Son conseiller, Henri Guaino, qui avait été progressivement marginalisé par la technostructure, le *lobby* financier français et les « visiteurs du soir » du président[1], a retrouvé une seconde jeunesse. L'homme a du caractère – ses ennemis le traitent de caractériel – et il est détesté par l'*establishment* qui le considère comme une sorte de zombie, un prototype du gaulliste archaïque. Pensez ! Il croit dans le rôle de l'État, et même des nations !

Reste que Henri Guaino a quelques talents. D'abord, il connaît l'histoire. Ensuite, il a des convictions, même s'il les exprime parfois violemment, et il sait anticiper les thèmes porteurs. Enfin, il écrit de beaux discours… pour les autres. Ce qui est très utile pendant les campagnes électorales. Jacques Chirac l'avait bien compris, Henri Guaino n'avait pas été pour rien dans sa victoire en 1995, en plaçant le thème de

1. Les deux plus actifs étant l'incontournable Alain Minc et Michel Pébereau.

la fracture sociale au centre de la campagne. Avec Nicolas Sarkozy, il a des atomes crochus. Peut-être parce que les deux hommes sont aussi caractériels l'un que l'autre. Peut-être aussi parce que leurs parcours ont quelque chose de similaire. Henri Guaino s'est fait tout seul. Originaire d'Arles, il n'a jamais connu son père et sa mère était femme de ménage. Il fait de brillantes études mais échoue par trois fois au concours de l'ENA. Ce pur produit de l'élitisme républicain[1] a été très lié à Philippe Séguin avec lequel il partageait une certaine idée de la France dans l'Europe. Ainsi, il a fait campagne pour le « non » lors du référendum sur le traité de Maastricht, et de celui sur le traité constitutionnel européen en 2005.

Nicolas Sarkozy, lui, est issu d'un milieu plus bourgeois. Mais il a toujours été un peu en marge de cette aristocratie française des grandes écoles. Ce qui explique peut-être sa fascination pour les riches et surtout pour ceux qui ont fait fortune. Les deux hommes ont déjà travaillé ensemble. Ils

1. Une phrase extraite de son premier livre, *Étrange renoncement*, le dépeint parfaitement : « Enfance provençale, pauvre mais heureuse, du temps où l'amour de la France et de la République allait de soi. »

ont même publié en 2002 un article dans *Le Monde* : « Pour en finir avec un mythe » qui s'en prenait à l'idée reçue que seule la gauche a « le monopole de la justice et du sens de l'État ». Henri Guaino se morfondait alors à la Cour des comptes, les socialistes l'ayant particulièrement mal traité[1]. Il se rallie à Nicolas Sarkozy en janvier 2006 et va contribuer pour une large part à l'orientation de sa campagne pour l'élection présidentielle, en ciblant les classes populaires et en mettant en avant le pouvoir d'achat. Bref, en allant chasser sur les terres que la gauche comme la droite avaient peu à peu laissées au Front national, alors que, traditionnellement, ces couches sociales constituaient les gros bataillons du Parti communiste et des gaullistes. Le duo fonctionne parfaitement, mais, une fois Nicolas Sarkozy élu, le conseiller est peu à peu mis de côté tant ses interventions déplaisent à une certaine bien-pensance qui courtise beaucoup le nouvel élu.

Avec la crise, Guaino reprend du service vingt-quatre heures sur vingt-quatre. Et il permet à Nicolas Sarkozy de donner à l'opinion publique

1. Il sera viré du Commissariat au plan par Lionel Jospin en janvier 1998.

française, mais aussi à ses partenaires européens et aux autres chefs d'État, une analyse globale de ses causes. Une attitude qui tranche fondamentalement avec celle des Américains. On a vu la réflexion de Henry Paulson qui ne tient pas à savoir pourquoi on en est arrivé là. Certes, il y a là un déni de réalité, le refus d'admettre ses propres erreurs, mais au-delà, cette attitude est symbolique d'un comportement typiquement américain qui consiste à regarder toujours devant et non derrière. Tout le hiatus entre les deux rives de l'Atlantique est là. Les Américains, du moins les *lobbies* qui occupent le devant de la scène, ne veulent surtout pas faire d'introspection. Ils préfèrent s'investir dans l'action, faire de la relance tous azimuts sans se préoccuper de rechercher les origines de la crise. Ce qui les obligerait à remettre en cause tout ce à quoi ils ont adhéré depuis plusieurs décennies. Ils ne sont pas prêts à faire leur autocritique. Les Français, eux, veulent d'abord analyser avant d'agir, comprendre ce qui n'a pas marché, pour proposer un vaste plan de réforme et accoucher d'un nouvel ordre mondial. Une approche cartésienne.

Le débat qui s'engage entre les deux rives de l'Atlantique autour du diptyque « relanceréforme du système » témoigne de cette différence d'approche. Lors du G20 de Washington à la mi-novembre 2008, les Français donnent effectivement le sentiment d'avoir pris les choses en main : ils occupent la scène, à la demande même de George W. Bush. À la fin de la réunion, ce dernier prend la parole et, à la surprise de quelques-uns des participants, explique : *« C'est Nicolas qui a présenté les propositions les plus argumentées autour de quatre idées. C'est donc ce schéma que nous allons tous reprendre et présenter lors des différentes conférences de presse. »* Ce qui sera fait. Mais les machines bureaucratiques et le *lobby* financier américain se débrouilleront pour qu'il n'y ait aucune initiative commune d'envergure avant le sommet du G20 qui se tiendra en avril 2009. Au prétexte d'un argument : le changement de présidence aux États-Unis. En attendant, la crise s'amplifie.

Tous les secteurs du marché du crédit sont touchés : après l'immobilier, c'est le crédit à la consommation et aux entreprises qui se contracte soudainement. Plus la Fed et les banques centrales font tourner la planche à billets, plus les gouvernements multiplient les plans de relance, plus l'économie… se gèle. Et cela pour une raison simple : les banquiers – on l'a vu – ne sont pas des philanthropes ; ils ont été mus, depuis trois décennies, par un seul moteur, la cupidité, l'avidité, le « toujours plus ». En période de crise, ils coupent tous les robinets du crédit pour sauver leurs marges et accessoirement leurs bonus. Le *credit crunch* se généralise. Brutalement. Sauvagement. La chute est vertigineuse. Pas seulement celle des cours de Bourse, mais aussi du commerce mondial, de l'activité économique. Lors de la crise de 1929, il avait fallu des mois, pour ne pas dire des années, avant que la contagion ne gagne tous les pays. En 2008, la maladie se répand en temps réel, à la vitesse d'Internet. Persuadé que la crise de 1929 a été aggravée par la politique restrictive de la Fed, Ben Bernanke fait tout le contraire, la BCE également. Les gouvernements montent en ligne pour accroître les garanties des déposants. Ce sera, en cette période troublée, une des actions peut-être les plus efficaces. Grâce à cela, il n'y aura pas de panique bancaire comme dans les années 1930. Même si, de-ci, de-là, on constate des sorties de *cash*, certains épargnants préférant placer leurs économies dans leurs matelas, plutôt que de les laisser dans les mains de banquiers incompétents ou d'escrocs avérés. Car, en ces temps troublés où la crainte d'un appauvrissement généralisé plombe le moral des populations, voici que l'on découvre l'escroquerie du siècle.

L'escroc du siècle

Bernard Madoff, un des piliers de l'*establishment* financier new-yorkais, ancien patron du Nasdaq (le marché boursier des valeurs technologiques), avoue à la fin de l'automne 2008 qu'il a arnaqué ses clients de… plus de 50 milliards de dollars (l'ardoise montera à 65 milliards). L'escroquerie mise sur pied reposait sur une mécanique simple, pour ne pas dire ancestrale. Il garantissait aux investisseurs un minimum de 10 % d'intérêts. Comment obtenait-il une telle performance ? Grâce à ce que l'on appelle le « schéma de Ponzi », du nom du montage créé en 1920 par un immigrant italien, Charles Ponzi. *« Ce dernier s'était aperçu d'un décalage des prix entre l'Italie et les États-Unis sur les timbres-poste internationaux. Il achetait ces "coupons-réponses" en Italie, les échangeait contre des timbres américains, plus chers, puis les revendait contre du* cash, *réalisant 50 % de rendement sur 45 jours. Rien d'illégal, en apparence, sauf quand il se mit à proposer ces rendements au public,* via *une société d'investissement, la Securities Exchange Company (SEC – rien à voir avec le gendarme de la Bourse américaine). Environ 20 000 personnes investirent 15 millions de dollars dans ce schéma, fondé sur l'arrivée régulière de nouveaux investisseurs. Lorsque le pot aux roses fut découvert, on s'aperçut que pour offrir les rendements promis il aurait fallu 160 millions de coupons. Or, seulement 27 000 étaient en circulation. Ponzi fut condamné à cinq ans de prison, puis extradé en Italie*[1]. » La pyramide de Ponzi consiste donc à rémunérer les capitaux de ses clients en siphonnant ceux des nouveaux entrants. C'est illégal. Cela dit, le métier de banquier n'a-t-il pas dérivé vers des schémas similaires ? L'utilisation massive de la dette, les effets de levier, toute cette « fausse monnaie » n'a-t-elle pas servi finalement à rémunérer grassement les structures bancaires et tous leurs satellites ? Bref, le système financier n'a-t-il pas développé sa propre pyramide de Ponzi à une gigantesque échelle ? Bernard Madoff ne serait, dans cette optique, qu'un produit dérivé du système.

1. *La Tribune*, 16 décembre 2008.

Élevé dans le Queens, à New York, parti de rien, doué d'une exceptionnelle connaissance des mécanismes financiers et des nouvelles technologies, l'homme a connu une carrière exceptionnelle. Ce fervent défenseur du système libéral et même ultralibéral, membre actif de la Securities Industry Association, le *lobby* des intérêts boursiers, a créé ses propres fonds d'investissement. Il recrute d'abord ses clients parmi les entrepreneurs juifs américains, puis s'attaque aux organismes caritatifs de la communauté. Ce vivier constitue sa base de départ. Peu à peu, sa renommée grandit et il ratisse plus large ; aux États-unis, mais aussi en Europe. Plus de quarante institutions financières internationales ont déposé chacune plus de 100 millions de dollars dans ses sociétés d'investissement. Des fonds privés ont également massivement investi chez Madoff.

Comment a-t-il pu tromper autant de gens, souvent spécialistes de la finance ? Tout simplement parce qu'il leur a laissé entendre qu'il était… initié. Il expliquait que, compte tenu de ses relations et de sa connaissance des mécanismes boursiers, il avait, comme quelques autres *market makers* (les contrepartistes), un temps d'avance quant aux informations sur les transactions, avant que celles-ci ne soient opérées. Une explication crédible, surtout dans le climat qui règne à Wall Street. On a vu que les grandes banques d'investissement siégeant au Federal Open Market Committee peuvent effectivement avoir un temps d'avance par rapport à d'autres sur les décisions de la Fed en matière monétaire. À l'ère des transactions électroniques et du marché globalisé, où il y a toujours une Bourse ouverte quelque part, anticiper une tendance, ne serait-ce que de quelques minutes, peut rapporter gros… et a rapporté gros[1]. C'est le marché qui fait le marché, et ce sont les teneurs de marché qui font le marché. Ce discours, les « riches » étaient prêts à l'entendre, comme ils étaient prêts à entendre l'autre argument de Bernard Madoff : le secret, soit la nécessité de réserver ses informations privi-

1. L'utilisation par les *hedge funds* et Goldman Sachs de super ordinateurs leur donne un avantage sur les autres acteurs du marché. Ces machines permettent de voir les ordres de vente ou d'achat, 30 millisecondes avant les autres. Cela leur permet de faire des allers-retours instantanées et d'engranger un micro profit sur chaque opération. Multiplié par des milliers de fois chaque jour cela donne, à la fin du mois, des maxi profits. Ce « trading à la milliseconde » a largement contribué à la hausse des bénéfices de Goldman Sachs depuis le début de l'année 2009. La SEC commence à s'inquiéter de cette distorsion de concurrence.

légiées à un petit nombre de clients. Fin connaisseur de la psychologie du milieu qui est le sien, il avait compris l'importance pour ses clients de la notion de club. Il avait créé le « Club Madoff » dont les membres avaient été triés sur le volet avant de bénéficier des conseils du « maître ». Un gourou parmi tant d'autres.

Au fil des ans, la machine Madoff grossit. Il utilise des rabatteurs, des *feeders funds*. En France, ce sera Thierry Magon de La Villehuchet. Non seulement celui-ci confie à Bernard Madoff sa fortune, celle de sa famille et de quelques-uns de ses clients, mais il lui ouvre les portes du gotha européen. Après les milieux juifs, il draine l'argent des vieilles familles catholiques. On dit même que le Vatican aurait laissé quelques plumes dans l'opération. À Vienne, c'est la banque d'affaires autrichienne Medici qui lui sert de rabatteur, notamment auprès de quelques fortunes d'oligarques d'Europe de l'Est. Les grandes banques se font également piéger (UBS, Natixis, BNP Paribas, HSBC, Banco Santander). Tant que les marchés sont « booming », Bernard Madoff s'arrange pour avoir toujours du *cash* disponible pour faire face aux éventuelles demandes de remboursement. Que faisait-il du reste ? On ne sait, car on ne connaît toujours pas le montant exact de la fraude. Selon le liquidateur, le chiffre de 65 milliards de dollars correspond à la perte dans les livres. En réalité, Bernard Madoff n'aurait drainé qu'un peu plus de 13 milliards en *cash*. Mais la plupart de ses clients réinvestissaient leurs gains supposés. D'où la perte cumulée de 65 milliards. Sur les 13 milliards de *cash*, on n'aurait retrouvé la trace que de 1 milliard. Le reste a été utilisé pour assurer le train de vie des Madoff, mais aussi celui des dizaines, voire des centaines de personnes qui gravitaient dans son orbite. À commencer par les rabatteurs de fonds qui ont mené grand train grâce aux commissions. Celles-ci ont amélioré la performance des sociétés de gestion qui vendaient du Madoff. À partir du moment où les marchés se sont inversés, le peu d'actifs existant n'a plus rien rapporté. Il a fallu pomper directement sur ses liquidités pour faire face aux demandes de remboursement.

Le procès qui s'est ouvert le 12 mars 2009 et achevé le 29 juin par une sentence de cent cinquante ans de prison aurait pu être l'occasion de démêler l'écheveau du système Madoff. Il n'en a rien été. On aurait aimé apprendre de la part du coupable si certains de ses clients – on pense à quelques *investment bankers* de Wall Street – ont été mieux traités que la plupart des autres. Ainsi, 6 milliards de dollars auraient été sortis des fonds de Bernard Madoff quelques mois avant son arrestation. Les liens avec des *hedge funds* installés aux îles Caïmans pourraient laisser penser que, derrière la pyramide de Ponzi, il y avait également une vaste entreprise d'évasion fiscale.

Avec le krach de l'automne 2008, Bernard Madoff a compris qu'il ne pourrait plus se refaire, que les clients allaient exiger le remboursement. Il ne lui restait donc plus qu'à se dénoncer, à se mettre à la disposition de la justice et tenter de préserver sa famille. Y a-t-il eu un vrai procès ? Non. En choisissant la procédure du plaider coupable, Bernard Madoff, ses avocats et le système ont évité un vaste déballage. Car l'étalage au grand jour de son escroquerie risquait de ternir encore un peu plus l'image de Wall Street et de ces années fric où tout était permis, où les régulateurs et les gouvernements successifs ont fermé les yeux et préféré laisser faire. L'*establishment*, la bien-pensance américaine qui est encore au pouvoir n'est pas loin de penser que les bulles et les Madoff font partie intégrante du capitalisme. Les unes sont faites pour crever afin de mieux renaître ; les autres pour aller en prison et donner l'illusion au bon peuple que les méchants sont, au bout du compte, punis.

Chapitre 5

Le pari du lobby

« L'état de l'économie réclame une action rapide et audacieuse, et nous allons agir non seulement pour créer des emplois, mais aussi pour jeter les bases d'une nouvelle croissance. »

Ce 20 janvier 2009, au terme d'une cérémonie d'investiture parfaitement réglée et riche en symboles, Barack Obama s'exprime devant deux millions de personnes enthousiastes qui ont envahi la magnifique perspective devant la Maison-Blanche. Et le nouveau président d'expliquer que *« la question n'est pas de savoir si le marché est une force bonne ou mauvaise. Son pouvoir de générer les richesses n'a pas été égalé, mais cette crise nous rappelle qu'il peut devenir hors de contrôle, et que la nation ne peut prospérer quand elle favorise seulement les privilégiés ».*

Le quarante-quatrième président des États-Unis parle d'or. Pendant sa campagne et durant l'interrègne, il n'a pas eu de mot « assez dur » pour fustiger les dérives des banquiers, qui n'ont pas compris que *« la terre a changé sous leurs pieds »*. On s'attend donc à ce qu'il applique à la lettre un des théorèmes d'Albert Einstein : *« On ne résout pas un problème avec les modes de pensée qui l'ont engendré. »* Or, en constituant une équipe économique imprégnée par les modes de pensée ayant engendré la crise, il va les perpétuer.

On a vu le rôle que les clintoniens ont joué pendant les dernières semaines de la campagne électorale. Ils se sont infiltrés dans le dispositif d'Obama et entendent y rester. C'est Lawrence Summers qui pilote l'équipe économique. L'ancien secrétaire d'État au Trésor de Bill Clinton est l'un des personnages clés de la filière Washington-Wall Street. Doté d'un QI hors du commun, il est aussi brillant qu'imbu de lui-même. Un inspecteur des finances puissance dix, la cupidité en plus et un certain sens du service public en moins. Lorsqu'il était un des économistes du FMI, au début des années 1990, Lawrence Summers était un thuriféraire du « consensus de Washington », ce modèle d'économie libérale que le capitalisme anglo-saxon entendait voir adopter par le reste du monde. En ces temps-là, Lawrence Summers n'hésitait pas à prôner des solutions où le cynisme le disputait à l'irréalisme. Dans une note interne à la Banque mondiale, l'économiste, pas encore célèbre, se hasardait à une démonstration : « *La Banque mondiale ne devrait-elle pas encourager davantage la migration des industries sales vers les pays les moins développés ? Je le pense pour trois raisons.* » Et d'expliquer : « *Une quantité donnée de pollution affectant la santé doit être faite dans le pays ayant les coûts les plus faibles, qui sera donc le pays dont les salaires sont les plus bas. Je pense que la logique économique derrière le déchargement de déchets toxiques dans les pays aux salaires les plus bas est irréprochable, et nous devons la regarder en face.* » Un raisonnement qui incite les multinationales américaines à délocaliser leurs productions polluantes et les légitime. Et les États-Unis mettront très longtemps à ratifier la convention de Bâle interdisant l'exportation des déchets dangereux vers les pays émergents.

Lawrence Summers a été, on l'a vu, l'un des artisans de la déréglementation au sein de l'administration Clinton. Il a joué un rôle majeur dans le traitement de choc imposé aux dragons du Sud-Est asiatique lors de la crise de 1997.

Après l'élection de George W. Bush en 1999, il retourne enseigner l'économie à Harvard, dont il est le président pendant cinq ans. Il se met à dos bon nombre d'universitaires, et est éjecté le jour où il se laisse aller à tenir des propos jugés politiquement incorrects : *« Les femmes auraient, par nature, moins d'aptitudes aux maths et aux sciences que les hommes. »* On imagine le tollé… Il est contraint à quitter Harvard et intègre un *hedge fund* : D. E. Shaw. David E. Shaw, son fondateur en 1988, a fait fortune dans ce secteur. Son fonds gère alors 30 milliards de dollars. Lawrence Summers perçoit des émoluments confortables (2,7 millions de dollars en 2008). Il complète son modeste revenu (au regard des normes de Wall Street…) par quelques menus « ménages » : des conférences, des conseils et autres prestations qu'il facture aux grandes firmes de Wall Street, notamment Goldman Sachs, Morgan Stanley… Il a ainsi encaissé, en 2008, 2,3 millions de dollars supplémentaires. Il a bien évidemment fait bénéficier D. E. Shaw et ses clients de son carnet d'adresses et de sa capacité d'analyse – des clients qui savent que l'homme a de fortes chances d'être appelé à jouer un rôle clé en cas d'élection d'un président démocrate. En novembre 2008, au lendemain de la victoire d'Obama, il sait qu'il ne peut être nommé à un poste qu'il a déjà occupé, il choisit donc une fonction dans l'ombre : celle de patron des conseillers économiques de la Maison-Blanche. Dans sa ligne de mire, un poste plus prestigieux : celui de président de la Réserve fédérale qu'occupe encore Ben Bernanke, nommé pour quatorze ans au *board* des gouverneurs, mais dont le mandat en tant que président n'est que de quatre ans. Or, il vient à expiration à la fin de l'année 2009. Lawrence Summers espère donc être son successeur. Ce serait une consécration. N'est-il pas celui qui a favorisé la nomination de Tim Geithner au Trésor, qu'il a présenté à Barack Obama à l'automne 2008 ? Le courant est immédiatement passé entre les deux hommes qui ont le même âge (ils sont nés en août 1961).

Barack Obama n'était pas préparé à affronter une crise bancaire aussi brutale. Personne dans son équipe d'origine n'a vraiment réfléchi à une réforme en profondeur de Wall Street et de ses mœurs. Certes, dans la rhétorique, chacun voudrait punir les banquiers responsables de la crise.

Encore faut-il savoir comment s'y prendre, et que la potion administrée ne tue pas le malade.

Tim Geithner offre, *a priori*, toutes les garanties pour faire un bon secrétaire au Trésor. Il n'a jamais directement travaillé au sein d'une banque privée et n'a donc pas été pollué – en principe – par les bonus, *stock-options* et autres dérives salariales. Son parcours de haut fonctionnaire plaide pour lui. Il connaît bien les rouages de Washington, du fait de son passage au Trésor, mais n'est pas politiquement marqué. En tant que président de la Fed de New York, depuis 2003, il a été directement impliqué dans tous les plans concoctés pour tenter de sauver le système bancaire. En juin 2008, alors que la tourmente financière s'annonce, Tim Geithner avance une idée, lors d'une séance de *brain storming*. Il propose de demander au Congrès de donner le pouvoir au président des États-Unis de garantir l'intégralité de la dette du système bancaire. Par la suite, l'ex-patron de la Fed de New York aura un trou de mémoire lorsqu'on l'interrogera sur cet épisode. Mais plusieurs participants à ce *meeting* maintiennent leur témoignage. Bien évidemment, la proposition fut vite enterrée : c'était politiquement intenable, parce que la mesure risquait de plonger le contribuable dans un puits sans fond se chiffrant en trillions de dollars. Reste qu'un an après on peut dire que Tim Geithner et la Fed ont, plus ou moins, repris cette idée à leur compte. Entre la fin de l'année 2008 et l'été 2009, ils ont distribué au système bancaire une somme d'argent sans précédent provenant du contribuable pour tenter de sauver les financiers victimes de leur cupidité et de leurs erreurs. Le *New York Times*, qui raconte cet épisode dans une très longue enquête sur Tim Geithner, donne un certain nombre de témoignages de membres de la Réserve fédérale, qui reconnaissent que la Fed de New York était plus souvent « *le porte-parole de Wall Street et des grandes banques privées de la place, que son policier* ». Rien d'étonnant, donc, à ce que Tim Geithner jouisse de leur confiance. Son côté effacé, bon élève, lui a permis de bénéficier du soutien des démocrates comme des républicains. Enfin, élément qui a été déterminant dans sa nomination au sein de l'administration Obama, l'appui sans réserve de son parrain, Robert Rubin[1], et de Lawrence Summers. Il est le candidat idéal… pour éviter que les banquiers et Wall Street ne soient

1. Robert Rubin a également placé un de ses protégés à la direction du Budget, Peter Orszag, connu pour avoir des positions très libre-échangistes.

brûlés en place publique. Cet homme était… leur homme.

Le *lobby* peut aussi compter sur quelques autres personnes placées à des postes clés au sein du nouvel exécutif. Des nominations qui doivent beaucoup au tandem Summers-Geithner. Ainsi, Gary Gensler, un ancien de Goldman Sachs, préside-t-il la Commodity Futures Trading Commission, l'organisme chargé de surveiller le marché des dérivés. Un choix pour le moins étonnant : Gary Gensler, un ancien de l'équipe Clinton, avait supervisé la loi excluant les produits dérivés du champ de l'organisme de régulation. Mary Schapiro, choisie pour diriger la SEC, est connue pour ses prises de position en faveur de l'autorégulation des marchés. Tim Geithner se plaint beaucoup, en privé, de la faiblesse des effectifs du département du Trésor. Un argument qui sert d'excuse, pendant quelques mois, pour justifier le laxisme de l'administration à l'égard des grandes banques. Cela n'empêche pas Tim Geithner de s'entourer des conseils d'une garde rapprochée directement issue de Wall Street. Il fait appel à trois anciens de Goldman Sachs : Steve Shafran, Bill Dudley et Mark Patterson. Le premier conserve le poste de conseiller économique qu'il occupait sous Henry Paulson. Le deuxième a remplacé Tim Geithner à la présidence de la Fed de New York. Le troisième, ancien lobbyiste de Goldman Sachs à Washington, est devenu le chef de cabinet du département du Trésor. Autant de nominations qui apportent de l'eau au moulin de ceux qui estiment que jamais la grande banque privée n'a été aussi en prise avec le pouvoir, et qu'il s'agit plus que jamais d'un *« gouvernement Goldman Sachs »*.

La grande banque n'est pas la seule à avoir placé ses pions. Le rôle d'une société financière, BlackRock[1], a également suscité, au printemps 2009, de vives critiques. BlackRock, qui gère alors 1 300 milliards de dollars pour le compte de grandes fortunes privées, de *hedge funds* et de gouvernements étrangers, est peu connue du grand public. C'est le genre d'institution qui travaille dans la discrétion. Elle devient très vite le conseil « préféré » de la Fed et du gouvernement dans la gestion des plans de sauvetage de Bear Stearns, d'AIG et de Citigroup. Elle a procédé à l'évaluation de Fanny Mae et Freddie Mac. Certes, elle n'est pas la seule à bénéficier de tels contrats, mais elle est, de loin, la plus

1. *International Herald Tribune*, 20 mai 2009.

importante. N'est-elle pas en plein conflit d'intérêts ? Ne va-t-elle pas faire bénéficier ses grands clients d'informations privilégiées obtenues auprès de la Fed et du Trésor ? Son patron, Lawrence Fink, a été le conseil de Ben Bernanke et de Henry Paulson. Bien souvent, notamment à l'automne 2008, ses avis ont été suivis, ce qui a amené, par exemple, la Fed à débloquer le marché des prêts à court terme aux entreprises, où les *mutual funds* de BlackRock jouent un rôle majeur. En décembre, Lawrence Fink se retrouve à conseiller tout à la fois l'administration Bush et l'administration Obama en gestation. Mister Fink est assurément un « *patriote* », comme l'a qualifié l'ancien chef de cabinet de Henry Paulson. C'est aussi, en pleine tourmente financière, un homme heureux qui a réussi à faire coïncider son amour de la patrie et ses intérêts. Ses grands clients n'ont pas eu, eux non plus, à se plaindre de sa proximité avec la Fed et le Trésor. En juin 2009, BlackRock double de taille en reprenant BGI, la filiale de gestion d'actifs de la Barclays, avec la bénédiction de la Fed et du Trésor ; elle passe ainsi à 2 700 milliards de dollars d'actifs sous gestion, ce qui en fait de très loin le numéro un mondial. En cédant à BlackRock sa filiale, Barclays a-t-elle renvoyé l'ascenseur à ceux qui lui ont permis de reprendre Lehman Brothers pour une bouchée de pain ?

Punir Detroit et non Wall Street

À l'hiver 2008-2009, Barack Obama est-il conscient de confier « aux renards le soin de garder le poulailler » ? Sans doute. Mais il ne peut vraisemblablement pas faire autrement. Ce jeune président sait que les États-Unis doivent changer. Consommer moins, importer moins, épargner plus : tel est son credo. Il s'attaque aux *lobbies* automobile et pétrolier, sans états d'âme, avec un objectif : faire en sorte que l'industrie automobile américaine se restructure de fond en comble, crée de nouveaux modèles moins polluants, moins gourmands en carburant. Il n'hésite pas à mettre Chrysler en faillite, à laisser General Motors aller dans la même voie, à virer leurs dirigeants. Les actionnaires ont été tondus. Les créanciers y ont laissé des plumes. Les salariés sont également mis à contribution. Quant à l'État, il va investir des dizaines de milliards de dollars en prenant des participations directes, mais aussi en apportant des fonds pour la recherche et le développement de nouveaux modèles. Barack

Obama, qui connaît bien le secteur, pilote ce plan de sauvetage. Il négocie avec les syndicats. L'industrie automobile américaine est encore au fond du trou, mais il n'est pas impossible que, dans quelques années, elle se redresse et regagne, grâce à de nouveaux modèles, des parts de marché, aux États-Unis comme dans le reste du monde.

Pourquoi Barack Obama a-t-il puni Detroit et non pas Wall Street ? Parce qu'il n'a pas les clés, les codes, les hommes pour le faire. Parce que le *lobby* financier est autrement plus puissant que le *lobby* automobile. À l'évidence, Lawrence Summers et les autres lui ont vendu un scénario : laissez-nous faire. Nous savons parler aux banquiers. Nous allons mettre en place des mesures pour sauver les grandes banques, qui nous permettront ensuite de faire redémarrer le système financier qui lui-même irriguera le reste de l'économie… Il y a pourtant, en janvier et février 2009, un autre scénario possible : celui de la nationalisation, ou plutôt de la prise de contrôle des banques par l'État, tant le mot de « nationalisation » est chargé d'une connotation péjorative outre-Atlantique. Il a ses partisans au sein du Parti démocrate, notamment les deux prix Nobel d'économie Joseph Stiglitz et Paul Krugman, mais aussi chez les républicains traditionnels : James Baker, qui fut secrétaire au Trésor de Ronald Reagan, le sénateur Lindsay Graham, et jusqu'à Alan Greenspan qui, sans doute gagné par le remords, pense que c'est la moins mauvaise des solutions.

Les arguments en faveur de la nationalisation des grandes banques sont tout à la fois techniques, politiques et moraux. Elle est le seul moyen de connaître en réalité l'ampleur des actifs toxiques. Tant que les banques resteront en l'état, leurs *managers*, mais aussi leurs actionnaires, ont intérêt à masquer la réalité et à gagner du temps. Nationaliser, c'est enfin le seul moyen de montrer à la population que ceux qui ont failli, les dirigeants des grands établissements, sont remerciés et sanctionnés. Bref, que le chômage n'est pas réservé qu'aux « petits », mais peut frapper aussi les puissants d'hier. L'argent du contribuable ne doit pas être investi à fonds perdus dans un système bancaire qui n'a pas vraiment changé et qui n'attend qu'une occasion pour recommencer comme avant. Enfin, dernier argument avancé par les partisans de la nationalisation : c'est en prenant le contrôle des grandes banques que les pouvoirs publics pourront les contraindre à réinjecter dans l'économie l'argent qu'elles reçoivent et mettre ainsi fin au *credit crunch*.

Paul Krugman comprend vite que Barack Obama n'est pas décidé à suivre cette voie-là. Dans le *New York Times*, il se dit « *désespéré de voir qu'Obama est parti du principe que les banques sont fondamentalement saines et que les banquiers savent ce qu'ils font. À croire que le président fait tout pour confirmer le sentiment que lui-même et son équipe économique sont coupés des réalités*[1] ». Ce à quoi les conseillers du président ont fielleusement rétorqué que « *les chroniqueurs n'avaient rien d'autre à perdre que leurs lecteurs, et que le gouvernement, lui, n'avait pas le droit à l'erreur et ne pouvait pas s'offrir ce luxe* ». « *L'idée d'une prise de contrôle des grands établissements est irréaliste. De toute façon, les autorités fédérales n'ont ni le personnel ni les ressources suffisantes pour prendre en main le système bancaire, loin de là*[2]. »

De fait, Tim Geithner manque singulièrement de troupes. Le Trésor est sur tous les fronts. Il faut s'occuper des banques, des caisses d'épargne, de l'industrie automobile, gérer les plans de sauvetage : le TARF, le TARP, s'occuper des prêts aux étudiants, des millions de propriétaires

1. *New York Times*, 23 mars 2009.
2. *Newsweek*, cité par *Courrier international*, 16-22 avril 2009.

menacés d'expulsion… Son patron doit multiplier les rencontres avec les parlementaires. Jamais sans doute depuis l'époque de Roosevelt cette administration n'a eu autant de travail. Or, elle est en sous-effectifs. Comme toujours aux États-Unis, au nom du *spoiled system*, une partie des cadres supérieurs nommés par les équipes de George W. Bush ont quitté l'administration. Au printemps 2009, ils n'ont toujours pas été remplacés. Tim Geithner, notamment, n'a pas de numéro deux. Il est vrai qu'il n'est pas facile de recruter au Trésor, à l'inverse de ce qui se passe dans d'autres ministères, comme la Justice, la Défense ou le Département d'État. Pourquoi ? La réponse est complexe. L'image de Barack Obama, ses projets de réforme en matière de politique étrangère, de défense ou dans la justice attirent les jeunes démocrates réformateurs. En outre, ce sont des domaines où l'argent est moins omniprésent. Il est donc plus facile de débaucher du privé de bons professionnels. En matière économique et financière, c'est plus difficile. Les financiers, notamment chez les démocrates, se sont habitués à gagner beaucoup, beaucoup d'argent. Or, dans l'administration, on ne compte pas ses heures, mais les dollars sont comptés. Pourquoi aller s'embêter au Trésor ? D'autant que Barack Obama a imposé des règles éthiques très strictes : pas question qu'un haut fonctionnaire puisse être rattrapé par des irrégularités financières commises autrefois[1]. Ce qui élimine beaucoup de candidats potentiels. En outre, les clintoniens n'ont aucune envie d'aller recruter au sein de la gauche du Parti démocrate, ni d'autres gens qui ne partagent pas leur vision de la place de la finance dans l'économie. Convaincus qu'il n'y a pas d'autre politique possible que celle suivie par les États-Unis depuis deux décennies, ils ne veulent pas abriter des contestataires au sein même du pouvoir. La réforme du système, peut-être… mais pas maintenant.

Tim Geithner pallie l'insuffisance de son administration en faisant appel aux conseils éclairés de ses amis du *lobby* financier. Certes, ils peuvent avoir des divergences sur des points de détail. Tim Geithner comme Lawrence Summers doivent tenir compte du président, du reste du gouvernement et du Congrès. Ils savent bien que les parlementaires,

---

1. Le président a fermé les yeux sur une petite bavure de Tim Geithner : il avait oublié de payer des impôts sur 32 000 dollars de revenus…

soumis à la pression de l'opinion publique de plus en plus remontée contre les « *fucking bankers* », ne leur accorderont plus un dollar. Ils doivent donc faire avec les 700 milliards du TARP, déjà singulièrement entamé. Il faut donc très vite donner le sentiment que les choses s'arrangent.

Toute l'action de Geithner et de Summers consiste à persuader le président et l'opinion publique que la politique de la Fed et du Trésor va permettre un redémarrage en douceur. La Fed ramène ses taux d'intérêt à 0,25 %. L'hélicoptère Bernanke continue de déverser ses tombereaux de dollars sur le système financier. Ainsi, 275 milliards de dollars sont injectés par l'administration dans le secteur immobilier (dont 200 milliards pour Fanny Mae et Freddie Mac). Le projet de budget pour 2010 prévoit un déficit de 1 700 milliards de dollars, soit 12,3 % du PIB. Un record absolu ! L'assureur AIG repasse à la caisse pour faire face à ses 99 milliards de pertes. Les chiffres donnent le vertige, plus personne ne s'y retrouve, mais, en même temps, cette confusion sert le *lobby*. Certes, l'opinion publique, comme Barack Obama, pique une colère de temps en temps, notamment lorsque l'on découvre que les pratiques salariales de Wall Street continuent de plus belle. Ainsi, les cadres dirigeants de la filiale d'AIG, Financial Products – ceux-là mêmes qui avaient provoqué l'effondrement de l'assureur en prenant un maximum de risques sur les produits dérivés –, ont perçu 165 millions de dollars de bonus au titre de l'année 2008, alors que le contribuable a dû injecter 182 milliards au total pour éviter la faillite de l'assureur. Et quasiment le même jour, le contribuable américain découvre que 90 milliards ont été reversés aux partenaires de jeu d'AIG : parmi lesquels, Goldman Sachs (12,9 milliards), la Société générale (11,9 milliards), Deutsche Bank (11,8 milliards), Barclays (8,5 milliards), Bank of America et sa nouvelle filiale Merrill Lynch (12 milliards) UBS (5 milliards), mais aussi BNP-Paribas (4,9 milliards) et d'autres banques européennes. Peu importe que ces sommes correspondent à des contrats d'assurance passés qu'AIG se devait d'honorer. Politiquement, c'est du plus mauvais effet. D'autant que les responsables de la nouvelle administration sont incapables d'apporter des explications audibles et crédibles au grand public. Lawrence Summers se fait ainsi apostropher par l'un des présentateurs vedettes de CBS News : *« Savez-vous, docteur Summers, ce que les banques ont fait avec tout cet argent qui leur a été abondamment distribué ?* » La réponse est évasive et pour le moins alambiquée. Ce qui inspira cette remarque à un éditorialiste du *Times* : « *Traduit en bon anglais, cela revenait à dire : "Pas vraiment, mais vous, le petit peuple, vous n'avez pas à vous inquiéter de ça."* »

Pour que le « petit peuple » ne s'énerve pas trop et pour calmer les esprits, Tim Geithner et la Fed annoncent que dix-neuf banques américaines ayant plus de 100 milliards de dollars d'actifs seront soumises à un test de solidité (*stress test*). On leur demande d'estimer les pertes qu'elles subiraient en fonction de différents scénarios, dont le pire serait une diminution du PIB de 4 % aux deuxième et troisième trimestres 2009. En fonction de ces tests, les régulateurs détermineront les établissements qui ont un besoin en capital et émettront alors auprès du Trésor des titres préférentiels convertibles en actions. Si ces établissements ne parviennent pas, dans les six mois suivants, à lever des capitaux privés, les obligations convertibles seront transformées en actions. C'est une habile manière de botter en touche et de repousser dans le temps le débat sur la nationalisation. L'administration Obama ne se l'interdit pas, mais elle le fera éventuellement au coup par coup, en fonction des résultats des *stress tests*, et en dernier ressort.

Parallèlement, Tim Geithner revoit sa copie pour alléger les banques de leurs actifs toxiques. Dans un premier temps, il a envisagé une *bad bank* chargée de les reprendre tous. L'addition pouvant atteindre jusqu'à 2 000 milliards de dollars, ce plan a effrayé le Congrès, sans satisfaire pour autant les milieux financiers. Fin mars 2009, Tim Geithner, vraisemblablement conseillé par des *lobbyistes* des *hedge funds* et du *private equity*, accouche d'une seconde version de son plan qui fait la part belle à ces derniers. Que propose le secrétaire d'État ? De construire une usine à gaz mélangeant capitaux publics et privés. Les banques mettraient aux enchères leurs actifs toxiques. Ces derniers seraient acquis par des investisseurs privés, mais avec l'aide des capitaux publics. C'est appliquer à une grande échelle le principe : « *Pile tu perds, face je gagne.* » Le Trésor, c'est-à-dire le contribuable, prend tous les risques, et le privé empoche les profits. La mécanique est la suivante : pour un achat de 100, l'investisseur privé met 7,5 en capital, le Trésor 7,5 également. Mais ce dernier prête 85. Au passage, notons la perversion qui consiste à faire racheter des dettes privées décotées – et donc pour partie irrécupérables – par de la dette publique. Si, dans x années, la valeur de ces actifs diminue encore, le privé ne perdra qu'une fraction de ses 7,5 %. Mais la perte du Trésor, elle, s'appréciera sur 92,5 %. En revanche, imaginons que ces actifs toxiques, achetés 100, cotent 150 dans cinq ans, soit une plus-value de 50 : l'investisseur privé en récupérera 25, pour une mise de 7,5 seulement, et le Trésor 25, pour une mise de 92,5. On voit la différence de rentabilité. Ce plan peut faire la fortune de quelques *hedge funds* ou fonds de *private equity*. Reste à savoir comment évaluer les actifs toxiques. Dans un premier temps, les grandes banques ont réagi favorablement au procédé. Puis, elles se sont demandé si elles n'allaient pas, finalement, permettre à leurs concurrents de se faire de l'argent sur leur dos. Tout dépend de l'évaluation qui sera faite des actifs toxiques : s'ils sont mis aux enchères à un prix trop élevé, il n'y aura pas d'acheteur ; s'ils le sont à un prix jugé trop bas, la banque va refuser de les brader pour ne pas être contrainte, par la suite, d'afficher une perte. L'idéal serait donc de se passer de cette mise aux enchères. Pour ce faire, le plus simple est de montrer que la crise est passée, que la reprise est là et qu'une hausse des cours de Bourse témoigne de ce nouvel espoir.

Aussitôt dit, aussitôt fait ! Voici que les cours des grandes banques, à Wall Street, mais aussi sur les autres places financières, se mettent à remonter miraculeusement, dès les premiers jours du printemps. Un beau rallye boursier qui aura un double effet bénéfique pour les banques. D'une part, sur des marchés d'actions désertés par les petits épargnants et une bonne partie des investisseurs, les établissements financiers sont devenus les principaux – pour ne pas dire les seuls – acteurs. Ils font d'autant plus la tendance. On assiste alors à une volatilité des cours au jour le jour, avec des écarts allant jusqu'à 10 % et plus. Les meilleurs des *traders* peuvent gagner deux fois, à la hausse comme à la baisse. C'est ainsi que quelques grandes maisons vont se refaire une santé. D'autre part, en faisant monter les cours de Bourse, on rend une nationalisation beaucoup plus coûteuse. Pourquoi, d'ailleurs, nationaliser des banques qui, apparemment, se portent mieux ? L'hélicoptère Bernanke et la baisse drastique des taux des banques centrales n'y sont pas pour rien. Les banquiers renouent avec un de leurs métiers traditionnels : emprunter pas cher (et même quasiment à taux zéro) et reprêter – seulement aux bons risques – très cher, avec des taux allant de 4 % à 25 %. Ainsi, les utilisateurs de cartes de crédit qui ne peuvent pas honorer tout de suite leurs dépenses paient un maximum. En France, les PME qui ont le malheur d'avoir des découverts, même de courte durée, sont taxées à 18 % d'intérêts. Comme les banques ont bien souvent resserré les robinets du crédit traditionnel aux grandes entreprises, ces dernières sont obligées de se financer par des emprunts obligataires sur le marché. Nos banques se mettent alors gagner deux fois : en prélevant des *fees* substantiels pour le montage des emprunts assortis de taux élevés (souvent plus de 7 %) ; et en ramassant ensuite le papier lorsque la signature est bonne.

La publication des résultats du premier trimestre accrédite fort opportunément l'idée que les choses s'arrangent. À tout seigneur, tout honneur : Goldman Sachs est la première à annoncer 1,6 milliard de dollars de profits. Peu importe que ce soit au prix de quelques tours de passe-passe comptables : la banque a modifié les dates de clôture de ses trimestres. Jusqu'alors, elles étaient décalées et le quatrième trimestre 2008 s'est achevé le 30 novembre. Or, le premier trimestre 2009 a commencé le 1er janvier. Le mois de décembre a miraculeusement disparu… Il se trouve que beaucoup de dépréciations d'actifs ont été effectuées pendant ce mois. Au nom de la crise et parce que la femme de César ne doit pas être suspectée, tout le monde ferme les yeux. De même, les banques américaines, après n'avoir juré que par les nouvelles normes comptables du *market to market*, ont unilatéralement décidé de s'en affranchir. Elles conservent des actifs non performants dans leur bilan sans les déprécier, en pariant sur le fait qu'ils seront rentables *in fine*. Puisque la fièvre du malade est trop élevée, on casse le thermomètre. D'un côté, des pertes potentielles sous-évaluées ; de l'autre, des bénéfices au jour le jour qui s'envolent… Voilà toute la recette. S'ajoutent à cela des licenciements massifs qui allègent d'autant plus les masses salariales que les bonus ont été opportunément supprimés pour la majeure partie des employés. Au nom, bien sûr, de l'éthique.

JP Morgan annonce à son tour des revenus records et un résultat net supérieur aux prévisions, grâce notamment à l'acquisition de Bear Stearns… avec l'argent du contribuable. En France, BNP Paribas tire son épingle du jeu avec 1,5 milliard d'euros de bénéfices. Certes, il y a bien encore quelques mauvais élèves : Bank of America qui peine à digérer Merrill Lynch, la Société générale, sans parler d'UBS et de quelques autres. Mais le message est clair : cela va mieux. Ce n'est pas le moment de casser une timide reprise en allant punir Wall Street.

Et voici que les dirigeants de Goldman Sachs et de JP Morgan commencent à dire qu'ils veulent rembourser l'État. Le président de JP Morgan estime qu'il n'a pas besoin de plus de capital. Il n'a pas non plus l'intention de participer au programme de rachat des actifs toxiques et entend rembourser dès que possible les 25 milliards de dollars reçus dans le cadre du TARP. Goldman Sachs veut suivre le même chemin. La banque procède même à une augmentation de capital de 7 milliards. Un apport qui doit lui permettre de rembourser les 10 milliards prêtés par l'État.

Les indiscrétions sur les résultats des *stress tests*, souvent diffusées par les banques elles-mêmes, fleurissent dans la presse. On prépare le public au pire – une dizaine de banques vont avoir besoin d'au moins 150 milliards de dollars de capitaux frais –, pour finalement aboutir, le 7 mai, à un résultat presque miraculeux : dix banques sur dix-neuf ont un besoin en fonds propres supplémentaires d'un montant de près de 75 milliards de dollars seulement. JP Morgan et Goldman Sachs sont suffisamment capitalisées. En revanche, Bank of America doit trouver 35 milliards de dollars, une tâche qui n'est pas insurmontable compte tenu du changement de climat à Wall Street. Apparemment, les hirondelles sont au rendez-vous. Tim Geithner multiplie les petites phrases, et le *lobby* financier en rajoute dans l'optimisme, car c'est son intérêt. L'agenda d'une sortie de crise commence à prendre corps.

Acheter du temps

Quatre mille milliards de dollars ! Plus exactement 4 054 milliards ! Le 21 avril 2009, le FMI lance un pavé dans la mare. Une fois n'est pas coutume, l'organisation internationale, qui fut pendant des années le bras séculier du capitalisme anglo-saxon, décide de prendre ses distances et de rompre avec l'optimisme naissant des milieux financiers. Dans son rapport sur la stabilité financière du monde, ses experts estiment que le montant total des dépréciations d'actifs auxquelles les banques devraient procéder atteint 2 712 milliards de dollars aux États-Unis, 1 193 milliards en Europe et 149 au Japon. Au mois d'octobre 2008, le FMI n'avait chiffré qu'à 1 400 milliards le montant des pertes potentielles que les banques occidentales portaient dans leurs bilans.

Ce rapport du FMI suscite un beau tollé, notamment à Washington. Immédiatement, l'équipe d'Obama – Tim Geithner et Lawrence Summers en tête – réagit. Elle conteste les méthodes de calcul du FMI et exige que l'organisation mange son chapeau. Il est trop tard pour les textes imprimés, mais pas pour Internet. La Maison-Blanche obtient que le FMI retire les passages litigieux de son site. En faisant preuve d'un certain pessimisme, les économistes du FMI ne risquent-ils pas de perturber la belle histoire que le *lobby* financier commence à vendre aux opinions publiques ? Cette belle histoire, ce *happy end* hollywoodien, qui consiste à faire croire que la reprise est au bout du tunnel – à la fin de l'année 2009, disent déjà certains – et qu'il ne faut rien faire, absolument rien qui puisse éteindre cette petite flamme encore fragile ?

Dans cette entreprise de communication à l'échelle mondiale, tout le monde a intérêt à faire semblant. Les banques, qui n'ont qu'une idée : recommencer le plus vite possible leurs opérations et leurs pratiques financières, comme si de rien n'était. Les banques centrales, désormais indéfectiblement liées au *lobby* financier qu'elles ont sauvé. Les gouvernements, enfin, qui n'en pensent pas moins, mais qui défendent leurs banques… moins malades que celles du voisin.

Quelques jours avant la publication du rapport du FMI, tout ce que la planète compte de financiers et d'économistes éminents s'était retrouvé à Washington, au lendemain du G20. Quelques masques tombent. Ainsi, au détour d'une réunion, le chancelier britannique de l'Échiquier, Alistair Darling, avoue que la régulation est d'abord une affaire nationale. Peut-être, un jour, le besoin se fera-t-il sentir d'organiser une régulation au niveau international… mais ce n'est pas à l'ordre du jour. Des propos qui ont le mérite de la franchise, et qui sont exactement à l'opposé de ceux que l'on avait vendus, quelques jours auparavant, au G20 de Londres. En réalité, le monde financier anglo-saxon ne veut pas d'une véritable régulation.

Jean-Claude Trichet, de son côté, part en guerre contre ceux – sous-entendu, le FMI – qui mettent en doute la solidité des bilans des banques européennes. Patatras ! L'autorité de régulation des banques allemandes, la BaFin, vient de réaliser une étude concluant que les banques d'outre-Rhin ont 816 milliards d'euros d'exposition aux actifs toxiques, dont 365 pour les *Landesbank* et 268 pour Hypo Real Estate (cette dernière devra être partiellement nationalisée). Ce rapport devait rester confidentiel, mais il a bien évidemment fuité, ce qui provoque une belle colère d'Angela Merkel. Oui, les banques européennes sont elles aussi plombées ! Selon le FMI, il faudrait procéder, en 2009 et 2010, à 550 milliards de dollars de dépréciations pour la seule zone euro et à 200 milliards pour le Royaume-Uni. Quant aux États-Unis, si 1 000 milliards ont déjà été dépréciés, il en reste encore 1 800 à purger.

Le FMI a donc été prié de rentrer dans le rang. Les gouvernements ne manquent pas d'arguments à faire valoir auprès de Dominique Strauss-Kahn. N'a-t-on pas décidé d'accroître les ressources de l'institution internationale, avec notamment une augmentation des fonds en provenance du gouvernement américain ? Le FMI ne va-t-il pas être doté de 250 milliards de dollars pour financer le commerce mondial en chute libre ? Car non seulement la crise se traduit par un effondrement de la consommation et de l'investissement, mais en plus les banques – encore elles ! – ne veulent plus prendre aucun risque et financer le commerce international. On va donc demander au FMI de se substituer à elles pour réamorcer la pompe. Il serait bien mal venu pour lui de cracher dans la soupe et de jouer les Cassandre.

Si George W. Bush avait toujours été à la Maison-Blanche, les choses se seraient vraisemblablement passées autrement. À la fin de son mandat, les États-Unis étaient en position d'accusés et bien incapables d'imposer quoi que ce soit à qui que ce soit. Mais le méchant est parti et le bon est arrivé. L'obamania a gagné la planète, les opinions publiques désemparées se raccrochent à l'espoir que le nouveau et jeune président peut changer l'ordre des choses. Par sa seule élection et son charisme, l'Amérique est redevenue, du moins en apparence, le *leader* mondial. Ce changement psychologique est flagrant lors du G20 au printemps 2009 : il n'y a rien de comparable entre celui de Washington, où la France menait le bal, et celui de Londres, en avril, où Obama occupe le devant de la scène. Sur le fond, personne n'a de solution miracle pour sortir de la crise et, surtout, personne n'a véritablement réfléchi à ce que pourrait être un nouveau modèle de croissance pour le XXIe siècle. Certes, il y a l'écologie, le développement durable, mais on ne saurait fonder une doctrine, une politique économique sur ce seul critère. En outre, le basculement des outils de production vers de nouveaux produits prendra du temps. Or, en attendant, les gouvernements, soumis à des échéances électorales à répétition, doivent faire face à un chômage qui explose et à des opinions publiques paupérisées et désemparées. Il leur faut acheter du temps.

Barack Obama songe déjà – et ses conseillers y pensent aussi pour lui – à la prochaine échéance électorale : celle du *Mid Term* de novembre 2010[1]. Or, pour le président, rien ne serait pire qu'une défaite électorale qui l'obligerait à composer avec un Congrès hostile. Cela pourrait ruiner toutes ses idées de réforme, à commencer par celle du système de santé qui lui tient particulièrement à cœur. Voilà pourquoi cet homme pragmatique, fin politique, s'est laissé convaincre par le duo Summers-Geithner qui lui a garanti qu'en composant avec le *lobby* financier une reprise économique pourrait intervenir fin 2009 ou début 2010. Qui dit reprise, dit remontée des cours de Bourse. Les retraités,

1. La totalité de la Chambre des représentants (435 membres) est renouvelée, ainsi qu'un tiers des sénateurs et les deux tiers des gouverneurs.

dont les pensions ont fondu parfois de moitié, verraient alors leurs revenus augmenter à nouveau. Tout cela devrait permettre, en novembre 2010, de crier victoire et de gagner le *Mid Term*.

Gagner du temps est aussi l'objectif des banques, de leur *lobby* et de l'*establishment*, en évitant le pire : la faillite, la nationalisation ou des lois très restrictives encadrant leurs activités. Chassez le naturel, il revient au galop… Après avoir passé avec succès l'épreuve des *stress tests*, les grandes banques demandent dans la foulée à pouvoir rembourser le Trésor. Tim Geithner donne bien vite son accord. Quelques jours avant l'été 2009, neuf banques[1] sont autorisées à rembourser 68,3 milliards de dollars au département du Trésor. Les montants vont de 1,6 milliard pour Northern Trust à 25 milliards pour JP Morgan. Les établissements concernés sortent ainsi du programme TARP et retrouvent leur liberté en matière de rémunération des dirigeants, de pratique des bonus et *stock-options* pour le personnel. En neuf mois, pour ces établissements, la crise serait en quelque sorte effacée.

1. JP Morgan Chase, Goldman Sachs, American Express, Bank of New York Mellon, Capital One Financial, State Street, US Bank Corp., ainsi que Morgan Stanley et Northern Trust.

Tim Geithner va encore plus loin. Non seulement les banques qui sortent du TARP retrouvent leur liberté en matière de rémunération, mais c'est Wall Street dans son ensemble qui échappe à une réglementation contraignante. Le temps du prétendu autocontrôle est revenu. « *Nous n'avons pas l'intention de plafonner les rémunérations, et nous ne considérons pas que de nouvelles lois soient nécessaires en la matière.* » Le 10 juin, au côté de Mary Schapiro, la présidente de la SEC, Geithner annonce la bonne nouvelle à Wall Street. La SEC, dont on a vu la complaisance – pour ne pas dire plus – à l'égard des mœurs financières, et la responsabilité dans les dérives de la place de New York, pourra accorder davantage de pouvoir aux actionnaires des sociétés cotées, afin que ces derniers puissent s'exprimer « *de façon non contraignante* » sur les émoluments des dirigeants des entreprises. On demandera bien évidemment plus de transparence sur la manière dont sont rémunérés les dirigeants des sociétés cotées. Parallèlement, on annonce que la Fed va réfléchir à de nouvelles règles d'indexation des rémunérations sur les performances dans les établissements financiers. Enfin, il n'est plus question d'interdire les versements de bonus en numéraire ou de plafonner les salaires, même lorsqu'ils dépassent le milliard de dollars. Pour donner à tout cela l'illusion de la transparence, un poste de « surveillant des rémunérations » est créé pour superviser les cent plus importants salaires des établissements ayant adhéré au programme TARP.

Pour Wall Street, la question des rémunérations est essentielle. D'abord, sur un plan idéologique, car l'idée même d'un contrôle et d'un plafonnement des revenus est vécue comme une hérésie antilibérale, une résurgence du socialisme. Ensuite, la cupidité (*greed*) est le moteur principal de Wall Street. Si on l'encadre, si on la rogne, le système, les hommes ne seront plus aussi performants. Enfin, New York comme Londres ont besoin d'attirer les cerveaux. Certes, on a licencié des centaines de milliers d'employés dans le secteur financier. Avec la reprise, il faut réembaucher, non pas des petites mains, mais les ténors, les cerveaux qui sont nécessaires pour réinventer de nouveaux produits.

Dans ces circonstances, les grandes banques, fort habilement modifient leur système de rémunération… en diminuant la part variable et en augmentant la part fixe. Ainsi, Morgan Stanley double le salaire annuel de son directeur financier, à 750 000 dollars. Bank of America relève de 70 % les salaires fixes annuels de ses cadres supérieurs dans sa banque d'investissement (300 000 dollars désormais en moyenne). Citigroup, toujours sous le contrôle du Trésor et sous perfusion d'argent public, décide de relever de 50 % le salaire fixe de ses banquiers d'affaires et de ses *traders*. UBS suit le même mouvement. L'un de ses codirecteurs à Londres réussit à obtenir un salaire annuel de 10 millions de dollars pendant trois ans. La Royal Bank of Scotland, que l'État britannique a dû renflouer, accorde à son directeur général Stephen Hester une rémunération de 11,3 millions d'euros sur trois ans. À la City, les bonus sont de retour. Partout, l'argumentation est la même : *« Si nous voulons retenir nos talents et en recruter de nouveaux, il faut les payer. »* La concurrence redevient sévère. Le *lobby* des banques américaines joue sur la fibre patriotique pour éviter de passer sous les fourches Caudines d'une nouvelle régulation. Il brandit la menace de voir quelques grandes banques étrangères (Deutsche Bank, HSBC, UBS, Barclays...) prendre des parts du marché américain de la finance à leur détriment. Mécaniquement, la disparition d'un certain nombre d'acteurs américains de premier plan (Lehman, Bear Stearns, Merrill Lynch) a fait entrer de grandes banques étrangères dans le top 10 des diverses activités financières, la montée en puissance la plus spectaculaire étant celle de Barclays, qui a récupéré une partie des activités de Lehman sur le marché obligataire et les fusions et acquisitions[1]. Crédit Suisse talonne également Goldman Sachs pour la dette des grandes entreprises. Jusqu'au japonais Nomura qui recrute pour renforcer ses équipes à Wall Street. « *Toutes ces banques étrangères ne sont pas soumises aux mêmes règles que nous. Elles ont plus de liberté. Il faut donc faire très attention en matière de régulation et ne pas charger les banques américaines. Sinon, ce sont nos concurrents qui profiteront de la reprise.* » Le discours est bien rodé, et il trouve des oreilles plus que complaisantes au Trésor, à la Fed, à la Maison-Blanche et même au Congrès.

1. Les dirigeants de Barclays Capital, la nouvelle entité regroupant les activités banque d'investissement du groupe britannique, pensent dégager un retour sur investissement (ROE) compris entre 15 % et 20 % au cours des prochaines années. Les mêmes performances qu'avant la crise…

La montagne accouche d'une souris

Le 17 juin 2009, Barack Obama présente le plan concocté par Tim Geithner, Lawrence Summers et Ben Bernanke. Un plan qui se veut le point d'orgue de l'agenda de sortie de crise, et – selon les propres termes du président – pragmatique. Il s'agit « *de mettre en place des règles qui permettront à nos marchés de promouvoir l'innovation, tout en décourageant les abus* ». Vaste programme ! En réalité, ce plan porte la marque du *lobby* financier. Loin de simplifier et de renforcer la régulation de la finance américaine, il se contente de redéfinir les rôles des uns et des autres et de promettre, ici ou là, une meilleure surveillance de Wall Street. Le système américain de régulation financière comprenait sept organismes : la Federal Reserve Bank (la Fed), qui détermine la politique monétaire des États-Unis et supervise le système bancaire ; la Federal Deposit Insurance Corporation (FDIC), qui assure la garantie des dépôts jusqu'à 250 000 dollars par personne et qui, de ce fait, est également amenée à surveiller les banques, un rôle qu'elle partage avec l'OCC et l'OTS :

l'Office of the Comptroller of the Currency (OCC), le régulateur des plus grandes banques nationales, l'Office of Thrift Supervision (OTS), le régulateur des caisses d'épargne ; la Federal Housing Finance Agency, qui assure la stabilité du marché hypothécaire ; la Commodity Futures Trading Commission (CFTC), qui régule les contrats à terme et les options, c'est-à-dire l'ensemble des marchés à terme, notamment les produits dérivés ; la Security and Exchange Commission (SEC), qui est le gendarme de Wall Street et des marchés des actions.

À l'exception de la FDIC, toutes ces agences portent une part de responsabilité dans les dérives des dernières décennies. De la Fed à la SEC, en passant par l'OCC, la CFTC et l'agence chargée de surveiller le marché hypothécaire, toutes ont failli. Sans doute, on l'a vu, parce que l'idéologie du moment n'était pas à la régulation, mais à la dérégulation. Or, la réforme de Tim Geithner vise, à peu de chose près, à prendre les mêmes et à recommencer, avec quelques ajustements à la marge. Pour donner aux consommateurs de crédits et de produits financiers américains – principales victimes de la crise – le sentiment que l'on s'occupe d'eux, on crée une agence supplémentaire : la Consumer Financial Protection Agency. Elle aura pour mission de protéger le particulier *« des pratiques inéquitables, trompeuses ou abusives des établissements financiers »*. Toutefois, les produits financiers complexes qui sont déjà sous la tutelle de la SEC et de la CFTC échapperont à son contrôle. C'est précisément la multiplication des organismes de contrôle sur les mêmes secteurs, le chevauchement de leurs compétences et surtout les « trous noirs » entre ceux-ci qui ont permis de tourner les règlements et de généraliser les produits dangereux. La réforme Obama ne peut qu'amplifier ce phénomène. La fusion de l'OTS et de l'OCC en une seule agence, le National Bank Supervisor, est une fausse simplification. D'autant que la Fed voit son rôle élargi. Celle-ci aura pour mission de surveiller spécialement les grandes institutions financières susceptibles de présenter une menace pour la stabilité du système financier, afin de *« prévenir les risques systémiques »*. Cela revient à demander à un pompier pyromane de surveiller des incendiaires potentiels.

Désormais, les banques américaines seront soumises à la supervision de la Fed, de la nouvelle agence, de la FDIC, mais aussi de la SEC, de la CFTC, sans oublier bien sûr la nouvelle agence de défense du consommateur. Plus il y a de régulateurs, moins on régule. C'est une loi de la nature. C'est bien ce que voulait Wall Street qui a tout fait pour éviter une véritable remise à plat du système, et surtout la création d'une seule agence aux pouvoirs élargis et au personnel renouvelé, qui aurait concentré les pouvoirs de régulation aujourd'hui émiettés. Pour tenter de désamorcer les critiques de ceux qui prônent une réforme en profondeur au sein de l'opinion comme du Congrès, Tim Geithner a concocté un super-conseil de la supervision des services financiers. Présidé par le secrétaire d'État au Trésor, c'est-à-dire lui-même, ce conseil réunira l'ensemble des présidents ou directeurs des instances de régulation, soit les sept patrons des agences. Il sera chargé de rédiger un rapport annuel pour le Congrès. Un énième rapport de plus…

Que retenir de ce replâtrage[1] ? Pas grand-chose, si ce n'est que l'*establishment* financier continue de s'autocontrôler. La Fed renforce son pouvoir, en

1. Gordon Brown, sous la pression de la City, sera contraint, lui aussi, de faire une réforme *a minima*, calquée sur celle de Tim Geithner. Le Royaume-Uni ayant tout misé sur l'industrie financière est totalement dépendant de son *lobby* financier.

étendant son contrôle aux assurances et aux caisses d'épargne. De nouvelles règles un peu plus contraignantes vont être appliquées aux banques. Elles devront renforcer leurs fonds propres en période de croissance afin de pouvoir mieux surmonter les crises à venir. Les établissements qui octroient des prêts ou achètent des obligations qui seront ensuite titrisés et vendus à des tiers devront en conserver au moins 5 % ; alors que, jusqu'à présent, ils pouvaient transférer la totalité du risque. Tout cela paraît dérisoire au regard de l'ampleur de la crise et des dérives que l'on a connues.

La fusion entre la SEC et la CFTC, afin de mieux surveiller le marché des produits dérivés ? Oubliée ! Le contrôle des *hedge funds* ? Oublié ! Tout au plus devront-ils se faire connaître auprès de la SEC. Leur *lobbying* et leur proximité avec les démocrates ont porté leurs fruits[1]. La réforme des agences de notation ? Oubliée ! Elles ont pourtant

1. Les *hedge funds*, le capital-risque et les grands fonds d'investissement privés vont, bien au contraire, se renforcer, en rachetant à prix cassés les actifs toxiques des établissements financiers les plus affaiblis. Ils vont aussi faire leurs emplettes parmi les petites et moyennes banques commerciales sur tout le territoire américain. Ce qui leur donnera un accès aux dépôts de millions d'Américains.

une lourde responsabilité dans la formation des bulles à répétition. Un rapport de la SEC publié en juillet 2008 avait critiqué – une fois n'est pas coutume – la *« gestion lacunaire des conflits d'intérêts »* des trois grandes agences de notation : Moody's, Fitch et Standard & Poor's. En réalité, c'est le principe même de la rémunération de ces agences par les émetteurs qui est vicié au départ. Plus l'entreprise ou la banque est bien notée, moins elle paie cher sa ressource financière. Or, la rémunération de l'agence et, par ricochet, celle de son analyste, sont, en général, inversement proportionnelles à ce coût. Si les produits d'une banque ou d'une compagnie d'assurances sont mal notés, la rémunération de l'agence en est d'autant plus faible. D'où la propension à attribuer un peu trop facilement un label AAA à n'importe quel produit dérivé ou *mortgage*. Au lendemain de ce rapport, les ministres européens de l'Économie avaient réclamé une transparence plus forte. Un vœu pieux ! Sans doute va-t-on, comme pour les rémunérations, trouver quelques belles formules garantissant une meilleure gouvernance, une plus grande transparence, mais, dans les faits, rien ne changera. D'ailleurs, on n'a plus le temps de réformer les agences de notation puisque, la machine financière repartant de plus belle, il va falloir noter les nouveaux produits. Moody's, Standard & Poor's et Fitch ont le mérite d'exister, et les financiers – c'est bien connu – ont la mémoire courte.

Peu avant l'été 2009, le *lobby* financier semble en passe de réussir son pari : gommer la crise, évacuer le débat sur les réformes et recommencer comme avant, grâce à une nouvelle bulle, à de nouveaux produits encore plus complexes, plus opaques. Cette bulle qui commence à grossir, grossir, c'est celle, bien évidemment, de la dette publique – les dettes publiques ayant remplacé les dettes privées.

Les *subprimes* de demain

Cette crise est-elle globale, structurelle, similaire à celle de 1929 ? Ou ne s'agit-il, au fond, que d'une crise conjoncturelle, certes plus forte, plus brutale que les autres, mais finalement consubstantielle à l'économie de marché ?

En mars 2009, Lawrence Summers rappelait devant un auditoire réuni par The Brokings Institution, un *think tank* économique proche des démocrates : « *En un peu plus de deux décennies, on a connu le krach d'octobre 1987, le scandale des* savings and loans, *le déclin du marché immobilier dans les années 1990, la crise mexicaine, la crise asiatique, les faillites de LTCM et d'Enron. Ce qui nous donne une grande crise tous les deux ans et demi.* » Et Lawrence Summers d'ajouter : « *Nous pouvons et devons faire mieux.* » Sous-entendu : on peut étaler les crises dans le temps. Mais pas les éviter. Pour le *lobby* financier et une partie de l'*establishment* américain, les bulles et les crises sont inhérentes au modèle économique.

Sans bulle, pas de croissance forte. Sans crise, pas de dégonflement des bulles puis de possibilités de reconstitution. C'est une réécriture de la théorie des cycles, à cette différence près que les cycles sont désormais très courts, ce qui interdit toute stratégie de long terme. Pour se sortir vite de cette crise, il n'y aurait donc pas d'autre choix que de créer les conditions de la prochaine. Tout au plus, Lawrence Summers et les autres espèrent-ils que les cycles seront un peu plus espacés. Reste que seule la finance, dans sa version moderne, peut favoriser la constitution des bulles. Voilà pourquoi l'équipe Obama s'est bien gardée de s'attaquer au *lobby* financier et a fait sien l'adage « *Too big to fail* » (trop gros pour faire faillite), qui a permis aux grandes banques américaines de se refaire une santé avec l'argent du contribuable.

La prochaine bulle est inscrite dans les chiffres de la dette américaine. En 1990, celle-ci représentait 225 % du produit national brut, dont 54 % pour la dette publique, 48 % pour celle des institutions financières, 63 % pour les autres entreprises et 60 % pour le secteur immobilier[1]. Soit une répartition à peu près équilibrée entre les quatre secteurs. À la fin de 2008, le total de la dette américaine atteint 351 % du PNB. La dette publique n'a pratiquement pas bougé (55 %). Celle des entreprises non financières reste raisonnable (75 %). En revanche, la part de l'immobilier atteint 100 %, et la dette des établissements financiers a bondi à 121 % du PNB. Des pourcentages qui expliquent et résument toute la crise ! Que s'est-il passé à partir d'octobre 2008 ? On a commencé à dégonfler artificiellement la part de la dette des établissements financiers et celle de l'immobilier en les transformant en de la dette publique. À la fin de l'année 2009, les chiffres devraient traduire ce mouvement et montrer un relatif dégonflement des dettes de la finance et de l'immobilier, un emballement de la dette publique

1. Chiffres calculés par Michel Aglietta.

et un accroissement de l'endettement des entreprises non financières. Ces dernières étant bien obligées, soit d'aller directement sur le marché à travers des émissions obligataires, soit de trouver de nouvelles sources de financement, puisque les banques, elles, gardent désormais leur argent pour elles-mêmes.

Barack Obama a hérité d'un déficit budgétaire annuel de 1 200 milliards de dollars. Avec les plans de sauvetage des banques et les mesures de relance prévues dans le budget 2010, ce déficit grimpe mécaniquement à 1 800 milliards, certains tablant même sur 2 000 milliards de dollars, soit 13 % du PIB. Car la crise a un effet pervers : il a fallu faire fonctionner la planche à billets des banques centrales pour sauver le système financier. Nicolas Baverez[1] a calculé que le bilan de la Fed est passé de 850 millions à 4 500 milliards de dollars, les deux tiers étant constitués des actifs toxiques repris aux banques : *« Les banques centrales sont devenues de gigantesques fonds spéculatifs et ne pourront plus jouer le rôle de prêteur en dernier ressort »*, conclut-il. Mais, en plus, les gouvernements ont multiplié les plans de relance, massivement pour les Anglo-Saxons, plus parcimonieusement en Europe, qui se tradui-

1. « Huit défis pour demain », *Le Monde*, 3 juin 2009.

sent par des dettes publiques supplémentaires. Des dépenses d'autant plus importantes que les recettes des États s'effondrent. Moins d'activité économique veut dire moins de rentrées fiscales. Or, les États ont des niveaux de dépenses de fonctionnement plus ou moins incompressibles. En outre, il va leur falloir payer de plus en plus d'intérêts de la dette. Certes, de chaque côté de l'Atlantique, on annonce une réduction des dépenses publiques. Barack Obama a demandé que l'on économise 100 millions de dollars sur les dépenses du gouvernement américain. En France, on continue de faire la chasse au gaspi. Officiellement, on ne doit plus remplacer qu'un fonctionnaire sur deux. En oubliant tout simplement de dire que cette mesure ne portera ses fruits que dans quarante ans, puisque le fonctionnaire en retraite continue de coûter autant comme pensionné que comme actif. *Idem* pour les comptes de la Sécurité sociale : on économise péniblement quelques centaines de millions d'euros, mais la crise et la démographie multiplient d'un coup les déficits par deux, les portant de 10 à 20 milliards d'euros. Toutes ces économies sont malheureusement dérisoires au regard de l'ampleur des trous. Aujourd'hui, pour 2 dollars de dépense, le gouvernement américain doit en emprunter 1.

En 2009 et 2010, Washington va devoir lever 5 000 milliards de dollars de nouvelles dettes. Dans quelques années, la dette publique américaine dépassera 80 % du PNB. Au mieux – en priant pour qu'une vraie croissance revienne –, les déficits annuels représenteront encore de 5 % à 6 % du PNB en 2019. Le montant total de la dette publique s'élèverait à 17 300 milliards de dollars. Les seuls intérêts atteindraient, cette année-là, 806 milliards de dollars, selon l'Office du Congrès pour le budget. Et ce à condition qu'il n'y ait pas de hausse des taux d'intérêt, car un point de majoration accroît mécaniquement le service de la dette de 170 milliards de dollars.

Le reste du monde n'est pas épargné. Dans la zone euro, il va falloir trouver 2 300 milliards de dollars pour financer de nouvelles dettes, et la Grande-Bretagne à elle seule a besoin de 800 milliards de dollars. Sa dette publique va grimper à 100 % du PNB en 2013, contre 55 % aujourd'hui. En France, on est déjà à 73 %[1]. Tout cela se traduit au niveau des taux d'intérêt.

1. Fin mars 2009, la dette publique atteignait 1 413 milliards d'euros. Fin 2009, compte tenu d'une croissance négative, elle devrait représenter 80 % du PIB.

Si les banques, elles, peuvent se refinancer auprès des banques centrales à un coût voisin de zéro, les États, eux, doivent emprunter à des taux plus élevés. Ainsi, le taux des bons du Trésor américain à dix ans est passé de moins de 2 %, début 2009, à 3,60 %, avant l'été. Plus d'emprunts à des taux plus élevés : voilà qui va alourdir singulièrement la note annuelle pour les États. Les grandes entreprises, elles, lèvent désormais des fonds à des taux compris entre 5 % et 10 %, selon leur notation[1]. La dette *corporate* redevient à la mode chez les financiers.

Dette des États, dettes *corporate*, voilà un marché en pleine expansion, fort lucratif pour… les banques. Celles-ci ne vont pas manquer de se désengager peu à peu du marché des « pauvres » qui n'est plus aussi avantageux. On devrait donc assister à une sorte de répartition des tâches. D'un côté, les États vont être contraints de prendre en charge, plus ou moins directement, les dettes passées et les crédits à venir des ménages, ainsi que les financements d'une partie des PME qui ne sont plus *persona grata* dans les établissements

1. Sur les cinq premiers mois de l'année, on a atteint un montant record d'émissions en zone euro de 175 milliards d'euros.

bancaires. De l'autre, le système financier va se concentrer sur les activités les plus lucratives : fusions-acquisitions, marché boursier et développement de nouveaux produits encore plus complexes que les précédents. C'est pourquoi nos banquiers ont besoin de nouveaux petits génies de la finance bien rémunérés. Car il va falloir titriser les dettes publiques et les dettes *corporate*, inventer des produits dits structurés et les saupoudrer à nouveau aux quatre coins de la planète. Avec la complicité tacite des États, à qui on fera miroiter la possibilité, soit d'étaler les dettes dans le temps, soit d'avoir des charges annuelles moins importantes, grâce à des montages qui, au passage, permettront aux banques d'accumuler de nouveaux profits.

Pour nos « banksters », du moins ceux qui auront survécu à cette crise, un nouveau petit paradis se profile. Il durera ce qu'il durera, mais l'important n'est-il pas de gagner du temps et d'engranger le maximum de profits, en attendant l'éclatement de cette nouvelle bulle… qui sera peut-être la dernière ?

Chapitre 6

U, V ou W ?

En cet été 2009, deux ans après le début de la crise, un an après la faillite de Lehman Brothers, le monde s'interroge. La reprise économique, à laquelle chacun veut croire, sera-t-elle en V ou en U ? Pour les uns, elle sera aussi vigoureuse que la chute a été spectaculaire. Pour les autres, la baisse a peut-être été enrayée, mais la hausse n'interviendra qu'après un long palier. Le monde financier et l'équipe Obama misent sur le premier scénario. Le FMI, l'OCDE et les Européens penchent plutôt pour le second. Les premiers veulent nous faire croire que le plus dur est passé. Les seconds pensent que la crise est loin d'être finie. Deux approches, deux visions différentes qui correspondent à deux mondes : celui de la finance et celui de l'économie. On a vu comment le premier a organisé sa propre reprise, alimentée par une création monétaire massive. Le second, lui, réagit plus lentement. Les cycles des uns ne sont pas ceux des autres. Créer un emploi est un processus long ; le supprimer peut se faire d'un trait de plume. L'économie réelle ne peut vivre au rythme de la finance. Avec la globalisation, la crise financière n'a mis que quelques semaines à gagner l'ensemble de la planète et les autres secteurs d'activité. L'impact en 1929 avait été beaucoup plus lent. Les financiers crient victoire et réembauchent parcimonieusement, au moment où les autres secteurs économiques s'effondrent et débauchent massivement.

On a pu, jusqu'à présent, amortir plus ou moins l'impact de la crise par des adjuvants sociaux, de l'injection massive d'argent public dans de nombreux secteurs. Reste qu'un cycle s'est bien achevé en 2008 et que le monde d'après ne ressemblera pas au monde d'avant. Les moteurs qui ont alimenté la globalisation et la croissance de ces dernières décennies sont en panne. On aura bien du mal à les faire redémarrer en l'état. La financiarisation, l'inflation des profits, bonus, salaires et autres dividendes ont généré une classe bling-bling et fabriqué des millionnaires un peu partout dans le monde. Ces nouveaux riches avaient tendance à claquer leur argent aussi rapidement qu'ils l'avaient gagné. L'inflation des matières premières, notamment du pétrole, avait permis à quelques petits États d'engranger des recettes fabuleuses qui, réinjectées dans les économies occidentales, ont contribué à l'inflation des actifs. La très forte augmentation du commerce mondial a été également un des piliers de la croissance des dernières décennies, qui a généré un mouvement brownien des marchandises lequel a eu un impact très négatif sur l'environnement et a abouti à des aberrations économiques, notamment en matière de produits agricoles.

Avec la crise, ces moteurs de la globalisation ont de sérieux ratés. Les exportations dans le monde vont baisser en volume de 10 % en 2009 : 14 % pour les pays développés, 7 % pour les pays en développement. Le commerce mondial devrait, lui, diminuer de 12,2 %. L'Organisation mondiale du commerce s'en alarme. Elle est dans son rôle. Elle devrait pourtant s'interroger sur sa responsabilité dans la crise. N'est-ce pas précisément le mercantilisme, le libre-échangisme débridé, qui en est une des causes ? On sait que trop d'impôt tue l'impôt ; trop de libre-échange, sans règles du jeu, tue le libre-échange. Certes, au fil des ans, le commerce mondial reprendra peu à peu, mais il le fera vraisemblablement sur d'autres bases, selon d'autres principes.

Les millionnaires ont eux aussi payé leur tribut à la crise. Selon l'étude annuelle mondiale menée par Merrill Lynch et Capgemini, le nombre de millionnaires en dollars a diminué de 15 % en 2009[1]. Leur patrimoine a globalement été amputé de 20 %. Le nombre d'ultrariches (ceux qui disposent de plus de 30 millions de dollars) a même baissé de 25 %. Les industries du luxe et des biens de consommation à la mode vont donc en prendre un coup. Enfin, le crédit ne sera peut-être plus le pilier de nos sociétés de consommation. Les prêteurs, les banques vont distribuer plus parcimonieusement l'argent, et les emprunteurs seront plus méfiants.

Bien que les moteurs de la globalisation connaissent de sérieux ratés, les effets pervers de cette globalisation, eux, demeurent. Ils vont même s'aggraver. La paupérisation relative des classes moyennes s'accélère. Ici ou là, on commence à baisser les salaires en pratiquant le chantage à l'emploi : aux États-

1. Personnes détenant un patrimoine financier supérieur à 1 million de dollars hors résidence principale.

Unis, des diminutions de 10 % voire plus se généralisent. En Europe aussi, même si on n'en est pas encore au stade de la Roumanie où les salaires des magistrats ont été tout simplement divisés par deux. Voilà qui est très mauvais pour la consommation, les recettes des États et les systèmes de protection sociale. Les déficits budgétaires explosent, et pas seulement à cause des plans de relance, mais aussi et surtout en raison de la baisse des recettes fiscales. En France, le déficit dépassera les 7,5 % en 2009 et en 2010. Plus personne ne peut donner de leçons aux autres. L'Allemagne a dû avouer qu'elle ne pourrait pas respecter les critères de Maastricht avant 2013. En 2010, son déficit public devrait approcher les 6 %. En Irlande, il atteint 13 % ; au Royaume-Uni, 12 %. Les taux de chômage explosent. En France, 700 000 emplois marchands seront supprimés en 2009. Plus de chômeurs, c'est également moins de consommation. Enfin, la vision court-termiste, la course aux profits maximaux dans un minimum de temps, la paupérisation des États au profit des multinationales et de la finance s'étaient traduites par un déficit d'investissement à long terme, tant privé que collectif. Avec des déficits publics et des services de la dette qui explosent, les États risquent d'avoir encore moins de moyens pour investir.

Survivre en préparant l'avenir

On n'a peut-être pas encore pris toute la mesure des conséquences de cette crise sur la psychologie des agents économiques. Outre-Atlantique, d'aucuns voudraient recommencer comme avant, renouer avec une croissance fondée sur le crédit et la consommation tous azimuts de produits bas de gamme, pour la plupart importés. Mais les ménages ont compris. Ils vont moins consommer et plus épargner. Ils veulent des produits durables et moins jetables. Le cas de l'automobile est exemplaire. La prime à la casse, chère à la France, qui a tendance à se généraliser, est le type même de fausse bonne idée. Elle vise, avec l'argent du contribuable, à remplacer de vieux modèles par de nouveaux, mais qui ont été conçus conformément aux habitudes de consommation des dernières décennies. Il n'est pas sûr que le consommateur continue dans la même voie, d'autant que, dans le même temps, tout est fait pour faire de l'automobiliste un délinquant en puissance. Pourquoi va-t-il acheter, demain, un véhicule qui ne fera que lui causer des soucis et qu'il pourra de moins en moins utiliser librement ? L'avenir dans les villes est aux petits modèles, à la voiture électrique, à l'utilisation collective de véhicules plutôt qu'à l'usage individuel. Mais une telle transformation va se traduire par des suppressions massives d'emplois qui ne seront que partiellement compensées par les créations nécessaires pour fabriquer les nouveaux véhicules. La période d'ajustement va être terrible. Il en est de même dans de nombreux autres domaines.

La consommation était le moteur de nos économies occidentales. Demain, elle le sera moins. D'une part, parce qu'une partie de la population aura de moins en moins de moyens pour consommer ; elle ne pourra que survivre. D'autre part, les nouvelles générations, celles qui auront encore un certain niveau de revenus, vont modifier leurs comportements. L'incertitude du lendemain ne fera qu'accroître leur frilosité à consommer. Voilà pourquoi il ne faut pas s'attendre à un nouveau *boom* de la consommation.

Les exportations pourront-elles prendre le relais ? On peut en douter. Le commerce mondial ne retrouvera pas de sitôt les mêmes taux de croissance qu'avant la crise. Et ce pour plusieurs raisons. Tout en se défendant de vouloir élever des barrières protectionnistes, chaque pays va tenter de privilégier ses productions locales. C'est humain. Ainsi, la Chine change déjà de politique. Elle déclare vouloir consacrer une plus grande part de sa croissance à la satisfaction de son marché intérieur, à développer la consommation d'un plus grand nombre de Chinois. Et c'est tant mieux. Elle exportera peut-être un peu moins, mais elle importera aussi peut-être un peu moins, notamment des biens d'équipement, préférant ses propres matériels. Ce qui posera des problèmes à des pays comme le Japon et l'Allemagne, dont l'économie dépend des exportations. Moins de consommation, moins d'exportations… Les conditions d'une reprise saine et durable ne sont donc pas réunies. D'autant que les entreprises, notamment les PME qui constituent, pour chaque pays, l'ossature du tissu économique, sont les premières victimes de la frilosité des banques peu enclines à investir.

La reprise de l'économie réelle risque donc bel et bien d'avorter parce qu'il n'y a pas non plus de véritable relance de l'investissement. Là aussi, la planche à billets n'a servi, le plus souvent, qu'à boucher les trous, à sauver le système bancaire[1], à panser les plaies de différentes catégories sociales. Mais, sur le fond, on ne prépare toujours pas l'avenir.

Il ne faut donc pas s'attendre à une reprise en V, ni même en U, mais plutôt en W. Le rebond de Wall Street et des Bourses mondiales du printemps ne serait, comme en 1930, qu'éphémère. Un nouveau plongeon n'est pas à exclure. Parce que l'on n'a pas voulu, pas osé nettoyer radicalement le système bancaire et amener le *lobby* financier à résipiscence. C'est pourtant dans cette perspective que tout gouvernement responsable doit se situer. La crise n'est pas finie, les conditions d'une croissance durable ne sont pas réunies, les vraies réformes commencent à peine à être esquissées. En attendant, il faut vivre, ou plutôt survivre, tout en préparant l'avenir.

N'en déplaise aux thuriféraires du néolibéralisme, à tous ceux qui pensent que l'on ne sortira de cette crise que par encore plus de libre-échange, le

1. En France, 105,7 milliards d'euros ont été engagés au 30 juin 2009 pour soutenir directement le secteur financier, soit 5,4 % du PIB. L'État a obtenu en contrepartie des actions de préférence sans droits de vote : 15,19 % chez BNP Paribas, 7,2 % chez Société générale et 20 % pour le duo Caisses d'épargne-Banques populaires.

marché va... s'ajuster et s'organiser autour d'un monde multipolaire, par grande zone géographique. Barack Obama fera toujours passer les intérêts de l'Amérique avant ceux des autres pays. Pékin et les dirigeants chinois feront de même. Tout comme Moscou, New Delhi ou Brasilia. Aux Européens de le comprendre. Le monde de demain s'articulera autour de grands ensembles géographiques et économiques. La globalisation a voulu sauter cette étape. L'histoire s'est vengée. On ne peut pas aller plus vite que la musique. Ces grandes zones, qui représentent des marchés intérieurs considérables, vont, sous la pression de la crise, s'autonomiser. Ce n'est pas du protectionnisme au sens strict du terme, mais du réalisme. Chacun va être tenté d'utiliser « son » épargne, libellée dans « sa » monnaie, pour financer « ses » investissements, voire pour consommer « ses » produits. La taxe carbone, si elle est réellement pratiquée, devrait contribuer à freiner le commerce lointain et à favoriser celui de proximité. Pour avoir un sens, celle-ci doit s'appliquer à tous les produits, et non pas seulement, comme le propose la commission Rocard en France, à la seule consommation d'énergie fossile utilisée dans les transports et les bâtiments. Si elle devait être mise en œuvre de la sorte, il s'agirait d'une taxe *a minima*, qui donnerait naissance à une nouvelle et gigantesque usine à gaz fiscale. Une taxe carbone devrait être le moyen de pénaliser les pays qui ne tiennent pas compte des normes environnementales ; ou les produits qui font quatre fois le tour du monde avant d'arriver chez le consommateur. Obliger à la traçabilité des produits et calculer leur coût carbone devraient être les premières mesures à prendre par l'Union européenne, si on veut vraiment s'attaquer aux gaz à effet de serre. Une traçabilité qui permettrait de faire payer aux frontières de l'Union une taxe carbone. Son produit pourrait être utilisé pour diminuer, par exemple, le coût des charges sociales. Les Européens doivent s'inscrire dans cette nouvelle logique, sinon, c'est l'idée même d'Europe qui disparaîtra.

Les plans de relance annoncés un peu partout en Europe n'ont pas été, jusqu'à présent, à la hauteur des enjeux. Pour schématiser, on pourrait dire que les Américains ont relancé massivement pour ne pas réformer et que les Européens ont beaucoup parlé de réformes pour ne pas relancer – sans doute, sous la pression de l'Allemagne, viscéralement opposée à tout laxisme budgétaire. Vouloir opposer relance et réforme est absurde. Dans la situation où se trouve le monde aujourd'hui, il faut bien évidemment faire les deux. Les Américains ont eu le tort de ne pas s'attaquer frontalement au *lobby* financier, de botter en touche quand il s'est agi d'envisager toute réforme en profondeur du capitalisme financier, au risque de replonger le monde dans une nouvelle crise. Les Européens n'arrivent pas à se coordonner pour bâtir un plan de relance commun.

En attendant que l'Esprit saint descende sur la Commission européenne et les capitales des Vingt-Sept, la France peut et doit avancer, jouer à la fois collectif et individuel. À l'image de ce que font les États-Unis, la Chine ou les autres. Même si les marges de manœuvre sont limitées, ce n'est pas une raison pour ne pas essayer, ne pas prendre d'initiatives.

Une relance massive par l'investissement

Une relance massive du pouvoir d'achat en France ne servirait à rien, si ce n'est à creuser des déficits commerciaux déjà abyssaux. Certes, il faut continuer à prendre des mesures pour les plus défavorisés et mieux indemniser les chômeurs, ne serait-ce que pour qu'ils continuent de consommer. Mais, pour le reste, il faut miser sur l'investissement. C'est la condition première pour recréer des emplois. Pour qu'un nouveau plan de relance ait un réel impact sur l'économie, plusieurs conditions devront être réunies. Il doit mobiliser des dizaines, voire des centaines de milliards d'euros étalés sur plusieurs années. Seul un emprunt spécialement dédié peut drainer dans l'immédiat de telles sommes pour amorcer la pompe. Nicolas Sarkozy a repris cette idée, dans son discours de Versailles le 22 juin 2009. Les critiques ont immédiatement fusé. « *Idée ringarde, dépassée, pour ne pas dire du passé* », a-t-on pu entendre ici ou là. « *On ne fera qu'ajouter des dettes aux dettes, etc.* », entonne le chœur d'une bien-pensance qui a la mémoire courte. Ceux-là mêmes qui nous ont promis la mondialisation heureuse, le miracle de la nouvelle économie et enfin la multiplication des pains grâce à l'accumulation des dettes et des bulles privées crient aujourd'hui à l'hérésie à propos de cet emprunt. En fait, ils veulent surtout que rien ne change.

Depuis vingt ans, la technocratie s'est mise au service de la financratie. On a donné aux banques le monopole de la transformation de l'épargne des Français. Dans le cadre de l'internationalisation des marchés financiers, on a placé la dette française auprès des investisseurs internationaux, et réorienté l'épargne française vers les marchés financiers mondiaux. C'est ainsi que bien des portefeuilles se sont retrouvés, sans que leurs détenteurs le sachent, avec des *subprimes* et parfois du Madoff. Les banques se réservaient le placement des emprunts, privés ou publics, pour les saupoudrer ensuite dans des produits financiers toujours plus complexes vendus aux guichets par des employés ne comprenant pas toujours ce qu'ils vendaient. La banque n'était plus au service du client, mais le client au service de la banque[1]. Au passage, elle encaisse deux fois : une fois du côté de l'émetteur et une deuxième du côté du prêteur, grâce aux droits d'entrée prélevés sur les souscriptions aux OPCVM[2]. De quoi faire vivre les structures. Des obligations que les professionnels vendaient, rachetaient, reven-

1. Voir l'excellent film *Erreur de la banque en votre faveur* de Michel Munz et Gérard Bitton.
2. Les OPCVM (organismes de placement collectif en valeurs mobilières) sont des portefeuilles de valeurs mobilières gérés par des professionnels et détenus collectivement (le souscripteur possède une part ou des actions). Il existe deux types d'OPCVM, les SICAV (sociétés d'investissement à capital variable) et les FCP (fonds communs de placement).

daient sur les marchés au jour le jour. De quoi générer des flux et des commissions. Placer directement des emprunts auprès des particuliers ne présente donc aucun intérêt pour les établissements financiers[1]. L'épargnant va garder les titres en portefeuille, toucher ses revenus annuels, et la banque ne pourra pas prélever beaucoup de frais. Voilà un marché qui leur échappe. C'est pourquoi les banques ont toujours bloqué, depuis l'emprunt Balladur, toute idée d'emprunt national placé directement dans le public.

Quant à Bercy, ce n'est plus dans sa culture. Les services spécialisés du Trésor sont très compétents pour placer la dette de l'État sur les marchés financiers. Ils essaient de le faire dans les meilleures conditions pour… les finances publiques. Ils raisonnent – et l'on ne peut pas le leur reprocher – en comptables purs. L'idée même d'élaborer un produit qui puisse offrir un avantage aux

1. Dire que l'emprunt national coûtera plus cher à l'État que les émissions d'obligations assimilables du Trésor (OAT), parce qu'il faudra verser une commission aux banques, est le type même du sophisme. Non seulement on peut utiliser d'autres canaux (comptable du Trésor, Banque postale…), mais on pourrait aussi demander aux banques de placer gratuitement cet emprunt. Ce serait leur contribution à l'effort national ; après tout, la collectivité vient de leur donner beaucoup…

épargnants plutôt qu'au Trésor leur est totalement étrangère. Voilà pourquoi la technostructure s'est toujours, par principe, opposée à ces emprunts nationaux. Antoine Pinay, en 1952 puis en 1958, en avait fait l'expérience. Lorsque, fraîchement nommé ministre des Finances, il exposa aux grands directeurs l'idée de son emprunt perpétuel indexé sur l'or et exonéré de droits de succession, destiné notamment à faire rentrer les capitaux de Suisse, il rencontra une hostilité unanime. *« J'ai bien entendu vos critiques, je vais y réfléchir pendant mon déjeuner. Et nous nous retrouverons en fin d'après-midi. »* Les directeurs partis, Antoine Pinay appela sa secrétaire et lui dicta une série de lettres sur le même modèle : *« Monsieur le directeur. À la suite de la réunion de ce matin, j'ai bien entendu vos critiques. Voilà pourquoi j'accepte votre démission à compter de ce jour. »* Bizarrement, lors de la réunion de l'après-midi, les directeurs trouvèrent l'idée du ministre très intéressante.

Certes, les temps ont changé, mais les comportements demeurent. Nicolas Sarkozy a fait une erreur. Il a voulu annoncer trop vite cet emprunt, sans en définir précisément les modalités et l'usage. Comme d'habitude, il a voulu faire un coup de « com' », laissant à tous les opposants à cette idée – et Dieu sait qu'ils sont nombreux, y compris dans son entourage – le soin de s'organiser pour l'enterrer. Aux États-Unis, la financratie a réussi à éviter la nationalisation des grandes banques. En France, elle est bien décidée à garder son pouvoir. Nicolas Sarkozy saura-t-il résister aux pressions du *lobby* financier et de Bercy, sans parler de Bruxelles ? Saura-t-il être sourd aux conseils de ses visiteurs du soir les plus assidus, que sont Alain Minc et Michel Pébereau ? Le premier se veut le conseilleur des princes, sans être bien sûr le payeur. Il s'est beaucoup trompé depuis qu'il sévit dans le microcosme. Mais son influence reste proportionnelle à sa méchanceté[1]. Le second se veut désormais le référent du capitalisme français... à la place de Claude Bébéar. Les relations entre les deux hommes ne sont d'ailleurs plus au beau fixe.

Énarque, inspecteur des finances, Michel Pébereau est l'illustration du meilleur et du pire

1. Il a surtout réussi à faire croire que son pouvoir était plus grand qu'il ne l'était en réalité. Cela fut vrai au *Monde*, où son influence sur la rédaction a toujours été limitée. Cela est vrai aussi auprès de Nicolas Sarkozy, dont il n'est qu'un visiteur parmi beaucoup d'autres.

de notre système élitiste. Une intelligence hors du commun, une arrogance et une suffisance sans égales, et un comportement de *serial killer* dans les affaires. Gare à celui qui lui manque ! Banquier prudent, qui n'aime pas prendre de risques ni prêter à ceux qui ne pourraient pas rembourser, il a « vendu » à Nicolas Sarkozy le plan de sauvetage des banques françaises – en veillant à ce que l'État ne prenne surtout pas trop de pouvoir en échange de ses aides. L'homme est de droite, d'une droite bien française, catholique, ce qui explique sans doute qu'il déteste le « paraître » : le pouvoir doit rester discret pour être efficace. L'accumulation des richesses personnelles ne saurait être une fin en soi. Dans sa vie privée, l'homme est resté simple. Rien à voir avec les mœurs de Wall Street. Il voyage en seconde, ne dédaigne pas le métro. C'est un ami fidèle qui adore jouer au tarot et, comme tout un chacun, n'aime pas perdre. Enfin, c'est un auteur reconnu de science-fiction. Il ne faut pas attendre de ce personnage à double face qu'il accepte de gaieté de cœur une politique qui rogne le pouvoir du *lobby* financier. Nicolas Sarkozy osera-t-il lui faire de la peine ?

Pour que l'emprunt national ait un sens politique et économique, il faut qu'il réunisse un certain nombre de conditions. Garanti par l'État, il devrait être perpétuel, mais la France doit pouvoir choisir à tout moment de le rembourser. Son taux pourrait être voisin de 2 %, ce qui correspond à la rentabilité historique du capital. Il doit s'entendre net d'inflation, c'est-à-dire qu'il faut indexer cet emprunt, comme le sont déjà certaines obligations assimilables du Trésor (OAT), sur l'évolution des prix (ce qui donnerait aujourd'hui un taux voisin de 3,5 %). C'est une garantie pour le souscripteur, c'est-à-dire l'épargnant de base. Avec le risque, en cas d'inflation galopante, de peser sur les finances publiques. Ce à quoi on peut objecter qu'une inflation galopante se traduit également par une croissance galopante des recettes fiscales.

Pour rendre cet emprunt attrayant tout en ayant un taux facial faible, il faut jouer sur la fiscalité. L'idéal serait qu'il soit net de tout impôt. Certains opposent que Bruxelles ne permettrait pas une telle disposition. Rien n'est moins sûr. D'abord, parce que les souscripteurs étrangers bénéficieraient du même avantage. Ensuite, Bruxelles a bon dos. Bien souvent, la technostructure française se réfugie derrière de prétendues interprétations de directives pour étouffer toute initiative qui n'a pas son aval. Enfin, il existe un moyen pour tourner cette difficulté (utilisé avec l'emprunt Balladur) : il suffit qu'on puisse loger l'emprunt dans les plans d'épargne en actions (PEA) pour que les revenus annuels ne soient pas imposables. Un avantage pour tous les épargnants moyens. Enfin, pourquoi ne pas sortir un tel emprunt de l'ISF ? Une façon pour les exilés fiscaux de recycler intelligemment leurs capitaux en France, sans qu'il soit besoin d'invoquer l'amnistie fiscale. La France, à la différence des États-Unis et de beaucoup d'autres pays, bénéficie d'un atout : son taux d'épargne des ménages (15 %). Dans le climat actuel, les épargnants, petits, moyens et grands, cherchent d'abord à protéger leur capital. Un tel emprunt y contribuerait.

L'argent doit être drainé rapidement et réinjecté tout aussi rapidement. Non pas dans les caisses de l'État, mais dans celles d'organismes chargés de gérer et de redistribuer le produit de l'emprunt. Il n'est pas question de punir Bercy, mais de montrer qu'il ne s'agit, en aucune manière, d'un artifice pour masquer le déficit budgétaire courant qu'il importe de réduire, année après année. Une centaine de milliards d'euros pourraient être facilement drainés, à partir du moment où les conditions sont suffisamment attrayantes. Le service de cette dette supplémentaire représenterait, sur la base des taux d'inflation actuels, entre 3 et 4 milliards d'euros. Ce qui reste dans des limites supportables pour le budget de l'État, d'autant que cet argent devrait peu à peu lui rapporter. À condition toutefois de bien choisir les investissements, et à condition de ne pas vouloir financer des dépenses sociales ou courantes.

Pour être crédible, cet emprunt national doit être consacré à des projets bien ciblés avec un triple objectif : financer quelques grands projets ; irriguer le tissu industriel en recherches et innovations ; investir dans des domaines qui généreront un chiffre d'affaires et des profits, bref qui offriront un retour sur investissement et permettront, à terme, de rembourser l'emprunt.

Quelques grands programmes prioritaires pourraient être retenus. À commencer par les dépenses d'équipement militaire incorporant une forte part de valeur ajoutée et d'innovation : un second porte-avions, un programme d'équipement de l'armée de l'air en A400M, Rafale, hélicoptères, satellites, drones, etc. Pourquoi ne pas transformer la Direction générale de l'armement (DGA) en une agence d'armement responsable d'un budget pluriannuel, traitant directement avec les industriels et la Défense, afin de veiller à ce que les programmes soient bien respectés ? Une partie des crédits de cette DGA transformée viendrait en déduction du budget de la Défense, à ceci près que l'argent serait déjà là, et que les équipements ne seraient plus la variable d'ajustement que l'on sacrifie, chaque année, sur l'autel de la rigueur budgétaire. Cette agence pourrait servir de modèle à l'agence européenne d'armement, encore dans les limbes.

L'industrie automobile doit être, en France comme partout ailleurs, reconvertie. Si nous ne faisons rien, les Japonais, mais aussi les Chinois et les Américains domineront le futur marché des voitures hybrides et électriques. Nous serons contraints de les importer. Des prêts à taux zéro pourraient être consentis pour toutes les recherches dans ce secteur. Avec une attention particulière pour les PME innovantes. La construction de lignes de ferroutage, afin d'acheminer les marchandises qui transitent par la France, est une impérieuse nécessité. C'est un investissement de plusieurs dizaines de milliards d'euros, là aussi à étaler sur une dizaine d'années. *Idem* pour la fibre optique (les besoins sont estimés à 40 milliards d'euros).

Il y a dans les cartons une quarantaine de projets d'investissement dans les infrastructures (logements, routes, train, métro, lignes électriques, etc.). Ils vont de quelques dizaines de millions à quelques milliards d'euros. Seuls manquent l'argent et la volonté politique pour débloquer ces dossiers. Comme en 1958, la France doit redevenir un immense chantier. Il n'y a pas d'autres voies si le pays veut éviter le déclin.

Un emprunt, de grands projets d'investissement prioritaires... Encore faut-il mettre en place les nouvelles structures pour que ce plan soit efficace. La transformation de la DGA en agence ne devrait pas trop poser de problème. Reste à savoir s'il faut créer plusieurs autres agences par destination, chacune étant responsable de son budget, ou un seul organisme chargé de distribuer la manne et de surveiller les programmes ? Le FSI (Fonds stratégique d'investissement, le « fonds souverain français » créé à l'automne 2008) pourrait être également un des allocataires de l'emprunt. Cela permettrait à ses dirigeants d'avoir plus de moyens, de pouvoir planifier à long terme et de moins dépendre au quotidien de

Bercy et de la Caisse des dépôts et consignations. Et, surtout, de ne plus être soumis aux pressions des innombrables élus qui ont tous une bonne raison pour demander une intervention, afin de sauver telle ou telle usine de leur circonscription. Les sommes allouées au FSI comme aux autres agences ont vocation à faire des petits, car rien n'interdit d'accroître leurs ressources en jouant des effets de levier et en associant – pourquoi pas ? – des capitaux privés aux capitaux publics issus de l'emprunt.

Une chose est sûre : ce n'est pas avec du vieux qu'on fera du neuf. Si l'on veut que de tels organismes remplissent leurs missions, ils doivent être déconnectés des structures actuelles. Ils seront sous le contrôle de la Cour des comptes, du Parlement et de conseils d'administration mêlant représentants publics et privés, mais les patrons de ces agences doivent avoir les coudées franches. Les structures devront être légères, combinant seniors et juniors. Les uns apportant le sens de l'intérêt public et du long terme qui caractérise leur génération ; les autres, le dynamisme, l'ouverture sur le monde et les nouvelles technologies. Pour être clair, les quadras de la haute fonction publique – comme ceux des grandes entreprises –, façonnés par deux décennies d'une idéologie néolibérale, ne paraissent pas les plus à même de piloter une telle relance de l'investissement. Ils ont d'ailleurs suffisamment à faire avec la réforme de l'État qui doit être poursuivie. Ils devront, de toute façon, participer activement à la mise en place du cadre juridique et réglementaire nécessaire pour que ce plan de relance soit immédiatement applicable, tant au regard du droit français que communautaire. Ainsi faudra-t-il, sans doute par le vote d'un texte législatif, permettre d'engager les travaux sans attendre que les innombrables procédures et recours soient purgés. Les appels d'offres seront, bien sûr, communautaires. Mais, là aussi, il faut être clair : ces grands travaux financés par l'épargnant et, *in fine*, par le contribuable français doivent être réservés aux Européens. Pas question que tel ou tel groupe en profite pour importer des produits à bas coût, voire de la main-d'œuvre chinoise, sud-américaine ou autre. Pas question d'imiter les Algériens qui ont confié la réalisation de dizaines de milliers de logements à des entreprises chinoises, venues avec leur main-d'œuvre vivant dans des conditions des plus précaires.

Le discours vis-à-vis de nos partenaires européens doit être sans ambiguïté : « La France a décidé sans attendre de prendre la crise à bras-le-corps. Elle va investir à long terme dans des domaines où elle a une expertise reconnue : défense, énergie, transport, travaux publics... Et ce pour le plus grand bénéfice de tous les pays de l'Union. Rien ne les empêche de participer, y compris financièrement, à cet effort qui profitera à certaines de leurs entreprises. »

Autant l'endettement public pour boucler les fins de mois ou financer les dépenses de fonctionnement est insupportable, autant l'endettement pour préparer l'avenir est louable. De doctes esprits nous expliquent que dette et emprunt sont les deux faces d'un même mal. Ils ont tort. La faute a été de faire croire aux ménages, aux entreprises et aux États qu'ils pouvaient s'endetter pour payer leurs dépenses courantes. En revanche, il a toujours été admis que l'on pouvait emprunter pour acheter un logement ou une voiture, installer une usine ou investir dans des infrastructures. Il y a bien les mauvaises dettes et les bons emprunts. Et ce sont ceux qui ont profité largement des mauvaises dettes qui voudraient aujourd'hui nous interdire de faire de bons emprunts.

Dans ce monde troublé, avoir un outil de défense performant est indispensable. Disposer d'infrastructures fiables et modernes est un atout dans la compétition internationale. Réduire les émissions de gaz à effet de serre et privilégier les énergies renouvelables est une impérieuse nécessité. Ces investissements vont être amortis sur des générations ; il est donc logique de recourir à un emprunt de très longue durée. Les scénarios de sortie de crise sont malheureusement limités : on ne s'en sortira pas avec des mesurettes ni en imposant une politique de rigueur aveugle qui achèverait le malade. Cet emprunt n'est peut-être pas la panacée, mais que ceux, à droite comme à gauche, qui ont une recette miracle lèvent la main…

Cet emprunt pourrait également être utilisé pour amorcer une relance de l'immobilier.

Quand le bâtiment va…

C'est l'un des paradoxes de cette crise globale : alors que la situation de l'Espagne est durablement plombée par l'éclatement de sa bulle immobilière et un million de logements neufs, vides et invendus, la France, elle, est confrontée à une grave pénurie de logements. Toutes ces dernières années, on a produit en France métropolitaine autour de 420 000 logements par an, dont 100 000 logements sociaux, 200 000 maisons individuelles, généralement financées par des prêts à taux zéro, et 120 000 pour le secteur privé. C'est notoirement insuffisant, compte tenu de l'accroissement naturel de la population et des évolutions d'une société qui voit se multiplier les divorces et les cellules monoparentales. Il manquait, en moyenne, quelque 80 000 logements par an. En 2008, on est tombé à 370 000 constructions. En 2009, on devrait faire encore moins. Si rien n'est fait, la France risque donc de connaître, dans deux ans, la même crise qu'au lendemain de la dernière guerre. Avec une pénurie de plus de 500 000 logements qui touchera en priorité les jeunes classes moyennes des grandes villes.

Comment expliquer un tel décrochage ? Tout d'abord par l'environnement juridique qui a rendu particulièrement longues, complexes et onéreuses les procédures pour les permis de construire. Ensuite, les prix de vente se sont envolés : en douze ans, ils ont été multipliés par 2,5, voire par 3. Actuellement, le prix moyen au mètre carré ressort à 3 400 euros. À Bordeaux, on vendait à 8 000 francs (1 212 euros) le mètre carré en 1996 ; aujourd'hui, à 3 500 euros. *Idem* dans le centre-ville de Marseille. C'est trop cher pour la majorité des ménages. Selon les experts, un ménage qui touche 30 000 euros nets par an ne peut pas acquérir un bien à plus de 2 200 euros le mètre carré (avec une TVA à 5,5 % dans les zones Anru). Et encore ! En fait, ces dernières années, le marché privé a été totalement perverti par les usines à gaz fiscales (Besson, Robien puis Borloo et aujourd'hui Scellier). Ce sont nos *subprimes* à nous. Sur les 120 000 logements privés construits chaque année, 70 % étaient vendus comme produits financiers défiscalisés, ce qui a contribué à la hausse des prix : les promoteurs répercutent dans leurs prix de vente l'avantage fiscal. Aujourd'hui, une partie de ces logements sont vides. Ils ont souvent été construits là où il y avait du foncier… mais pas de besoins. Et, compte tenu des prix de vente, les loyers sont trop élevés pour le pouvoir d'achat des candidats. Un vrai marché de dupes pour tout le monde, propriétaires comme locataires ! À cela s'ajoute enfin la disparition du parc locatif traditionnel des institutionnels. Pour externaliser leurs plus-values, ceux-ci ont vendu massivement « à la découpe » au cours des dix dernières années. Le marché de la location dans l'ancien s'est également gelé : les prix ont subi la même ascension que ceux du neuf et ont entraîné une hausse corrélative des loyers. Ce qui a chassé les classes moyennes de plus en plus loin des centres-villes.

La question du logement est devenue anxiogène pour des millions de Français, et pas seulement pour les SDF, les sans-papiers ou les familles les plus démunies. Certes, il est indispensable de relancer la construction de logements sociaux : au moins 50 000 de plus par an, mais un plan d'ensemble doit s'adresser à toutes les catégories sociales. La part consacrée au logement dans le budget des ménages est trop importante : 25 %, 30 %, quand ce n'est pas 50 % ! Avec la crise, les banques prêtent moins. Quant aux propriétaires, pour se couvrir face aux risques d'impayés, ils multiplient les contraintes pour l'entrée dans les lieux. Pour enrayer cette spirale, il faut faire baisser les prix… Tous les prix de l'immobilier. Et le meilleur moyen, c'est d'accroître massivement l'offre de logements neufs. Tout naturellement les prix de l'ancien s'aligneront et les loyers baisseront *ipso facto*.

Comment peser sur les prix du neuf et procéder rapidement à la relance des mises en chantier ? Plusieurs pistes sont à explorer. Selon les professionnels les plus lucides, il est possible de faire baisser le coût de la construction d'environ 20 % en jouant tout à la fois sur le foncier, la fiscalité et les contraintes administratives.

Les réserves foncières existent dans les villes. Il y a suffisamment de friches, ne serait-ce que dans les patrimoines des entreprises publiques comme la SNCF ou La Poste. À crise exceptionnelle, mesures exceptionnelles. Pourquoi ne pas inciter ces entreprises à mettre à disposition au moins l'usufruit des terrains qu'elles n'utilisent pas et qui figurent pour zéro dans leurs bilans ? Pourquoi ne pas appliquer aux logements le système des zones franches, avec un taux de TVA à 5,5 % et non à 19,6 %, ce qui fait *ipso facto* baisser le coût de la construction. Pourquoi, pour les projets jugés prioritaires, ne pas réduire le temps administratif en simplifiant les procédures et en faisant en sorte que les recours, souvent abusifs, ne soient plus suspensifs ? Les Français ne peuvent pas vouloir tout et son contraire. Payer moins cher leurs logements et, en même temps, s'opposer indéfiniment à n'importe quelle décision d'investissement prise au nom de la collectivité. En temps de guerre, l'intérêt collectif prime sur l'individuel. Nous sommes en guerre. Certes, des erreurs seront commises, mais cela vaut mieux qu'un *statu quo* dont l'issue serait inéluctable : l'appauvrissement généralisé et dramatique du pays, avec tous les risques d'explosion que cela comporte.

On a enfermé les Français dans un dilemme : soit tenter d'être locataires dans un logement social pour avoir un loyer raisonnable ; soit s'endetter au-delà du raisonnable et devenir propriétaires. Peu à peu, le parc locatif privé s'est réduit comme peau de chagrin. D'une part, les institutionnels ont pris leurs plus-values et préféré jouer à court terme sur les marchés financiers. D'autre part, les bailleurs privés, face aux contraintes de toutes sortes, ont été orientés vers les produits immobiliers défiscalisés, pour le plus grand profit des réseaux bancaires.

Pourquoi ne pas inciter les institutionnels – assurances, caisses de retraite… – à consacrer une part de leurs actifs à ce secteur ? Faute de quoi, ils ne seraient plus éligibles aux aides de l'État et à certains avantages fiscaux. Après tout, les détenteurs d'assurance-vie et les retraités seraient sans doute rassurés de savoir qu'une partie de leurs avoirs sont placés dans de la bonne pierre qui rapporte un peu, plutôt que dans des fonds de fonds investis dans du Madoff. Les investisseurs individuels seraient prêts, eux aussi, à revenir à la pierre et à pratiquer des loyers raisonnables. À trois conditions : que les prix baissent ; que la fiscalité des revenus fonciers ne soit plus aussi pénalisante ; qu'un système de garantie les protège efficacement contre les impayés et les locataires de mauvaise foi.

La rénovation des quartiers défavorisés, la mise en chantier de nouveaux logements sociaux sont, bien sûr, des impératifs. Mais le logement est un tout. Il ne doit plus être un facteur d'exclusion et de paupérisation pour les classes moyennes, car ce sont elles – ne l'oublions jamais ! – qui font encore tourner l'économie de ce pays.

Chapitre 7

Un monde sans financiers

Faisons un rêve… Celui d'un monde sans financiers. Un monde où les acteurs économiques pensent plus au long terme qu'au court terme, où l'investissement prime sur le *trading*. Un monde où épargnants et investisseurs privilégient un revenu régulier, raisonnable et récurrent à la spéculation et à la seule plus-value ; où les joueurs ne tiennent plus le haut du pavé et ne transforment plus l'économie mondiale en un gigantesque casino. Ce monde sans financiers, c'est le défi auquel nous sommes tous confrontés. Soit nous laissons le système se perpétuer le temps d'une dernière bulle avant de nous entraîner vers l'abîme. Soit nous réussissons à accoucher, dans la douleur, d'un nouveau modèle de croissance pour les prochaines décennies. Ce monde sans financiers n'est pas un monde sans argent, bien au contraire. C'est un monde où l'argent retrouve sa valeur, où la liberté et le profit des uns s'arrêtent là où commencent la liberté et le profit des autres. Ce monde sans financiers n'est pas un monde sans banquiers, bien au contraire. C'est un monde où les banquiers retrouvent leur place et rien que leur place. Il n'est peut-être pas trop tard pour s'attaquer sérieusement au pouvoir du *lobby* des *lobbies*.

Aux États-Unis, on a vu comment Barack Obama a été phagocyté, mais les yeux commencent à se dessiller. La collusion entre la Fed, Wall Street et une partie de la classe politique devient un sujet de débat public[1]. Osera-t-on aller jusqu'au bout et s'attaquer à quelques-uns des symboles du capitalisme américain ? N'est-il pas temps de réfléchir au rôle de la Réserve fédérale ? Ne faut-il pas la fédéraliser, c'est-à-dire faire en sorte qu'elle ne soit plus *de facto* le représentant des banques, mais une institution indépendante

1. Dans un éditorial du 29 juin 2009, le *New York Times* a osé s'attaquer à la Fed en expliquant que « *si les banques préfèrent avoir la Fed comme nouveau régulateur des risques systémiques, c'est parce qu'elles contrôlent la Fed* ».

du pouvoir politique, et surtout du pouvoir financier ? N'est-il pas temps de dénoncer l'axiome « *Too big to fail* » au nom duquel les grandes banques ont fait n'importe quoi et recommenceront demain ?

Une fois n'est pas coutume, les Suisses montrent la voie. Ce n'est pas étonnant : leurs grandes banques sont dans un triste état. Pour Philippe Hildebrand, vice-président de la Banque nationale suisse, « *il ne doit plus y avoir de tabou compte tenu de l'expérience des deux dernières années* ». La Banque nationale suisse souhaiterait démanteler UBS et le Crédit Suisse. Une telle opération permettrait d'isoler, puis, le cas échéant, de mettre en faillite les activités financières les plus risquées, qui ne sont pas indispensables au fonctionnement de l'économie. Les deux banques, il est vrai, représentent 73 % des actifs du système bancaire suisse, et leurs dettes excèdent largement le PNB suisse. Leurs difficultés font donc courir un risque à tout le pays. En Europe, un certain nombre de voix s'élèvent aussi pour prôner un démantèlement des grands ensembles. La Commission européenne envisage de demander à des banques britanniques de « *céder certaines de leurs activités, en contrepartie des aides d'État massives dont elles ont bénéficié* ». Des personnalités comme Jacques de Larosière, Daniel Lebègue, mais aussi Edmond Alphandéry, l'ancien ministre de l'Économie du gouvernement Balladur, n'hésitent plus à dénoncer la stratégie des grandes banques, américaines comme européennes, « *qui ne pensent qu'à grossir pour se protéger et devenir intouchables, car leur faillite entraînerait un risque systémique* ». Pour grossir, ces banques prennent de plus en plus de risques, inventent des produits complexes et ne font plus leur métier de base.

Le premier objectif d'une véritable régulation financière devrait donc être de s'attaquer aux *big banks*, en réinventant un *Glass-Steagle Act*, en favorisant la concurrence, en dissociant leurs métiers, leurs activités. Il y a trente ans, les néolibéraux ont relancé l'économie en s'attaquant à la toute-puissance des syndicats, des conglomérats et des États. Il faut appliquer aujourd'hui le même traitement de choc à la finance. Il n'y a pas de raison qu'une banque ne soit pas mise en faillite au même titre que n'importe quelle autre entreprise. Les actionnaires perdent, c'est la loi du genre. Les créanciers y laissent des plumes, cela fait partie du risque inhérent au système capitaliste. Quant aux déposants, ils sont aujourd'hui protégés par la garantie des dépôts. Peut-être faut-il l'accroître encore un peu plus, mais il faut absolument revenir à des règles du jeu claires. Pour Edmond Alphandéry, *« les banques doivent vivre avec la hantise de disparaître, sinon elles continueront de faire n'importe quoi »*.

Pourquoi le cacher, ce qui s'est passé depuis un an est exactement l'inverse de ce qu'il aurait fallu faire. Rien qu'en France, BNP Paribas a racheté Fortis sans savoir très bien ce qu'elle découvrirait au fil des mois dans les actifs de la banque belge. La fusion Caisses d'épargne-Banques populaires est le mariage de l'aveugle et du paralytique. Sans doute eût-il mieux valu nationaliser leur filiale Natixis pour l'euro symbolique, sortir ses actifs toxiques dans une caisse de *defeasance* et les amortir sur quelques décennies.

Les banques doivent aujourd'hui, en toute priorité, réapprendre leur métier de base : gérer des dépôts, proposer des placements simples et sécurisés, prêter aux acteurs économiques… Des services qui doivent être normalement rémunérés, à des conditions qui ne soient pas identiques pour tous, afin que le consommateur puisse faire jouer la concurrence. La banque doit réapprendre le contact humain avec ses clients, quels qu'ils soient, y compris dans les services financiers les plus sophistiqués. « *Les services financiers,* explique Felix Rohatyn dans un article fort critique sur l'évolution du capitalisme américain, *étaient autrefois très personnalisés ; le montage de crédits, l'achat et la vente d'actions, les conseils financiers, toutes ces activités nécessitaient un échange permanent où la personnalité comptait beaucoup. Aujourd'hui, le service financier consiste à être assis face à son écran d'ordinateur pour acheter et vendre au signal électronique à d'autres acteurs dont on ne sait jamais où ils sont et qu'on n'a jamais vus. La seule mesure de la performance est le bénéfice ou la perte au jour le jour. La qualité relationnelle, la confiance ou toute autre mesure non quantitative de la performance ont de moins en moins d'importance*[1]. » Oui, les banques doivent se remettre au service de leurs clients et de l'économie, mener leur activité à taille humaine. C'est ainsi qu'elles retrouveront la confiance de l'opinion qu'elles ont perdue depuis belle lurette. Des banques qui se comportent tels les voleurs qui ont toujours un

1. « Saving American Capitalism », *International Herald Tribune*, 29 juin 2009.

coup d'avance sur le gendarme : elles pensent avoir trouvé de nouveaux espaces où elles pourront échapper à toute réglementation et à la vigilance des régulateurs.

Fin juin 2009, Jean-Pierre Jouyet, le nouveau président de l'Autorité des marchés financiers, a tiré la sonnette d'alarme. *« J'ai été alerté par la multiplication, la fragmentation et l'inorganisation de nos marchés financiers. Cela représente un risque important pour leur sécurité, en même temps qu'une source de profits pour les grandes banques d'investissement.* » Qu'est-ce qui peut bien inquiéter cet ancien directeur du Trésor français ? La montée *« des marchés opaques où les transactions se font de gré à gré, comme les OTC*[1] *et les* dark pools. *Les émetteurs ne savent pas ce qu'il s'y passe sur leurs propres titres. Les régulateurs n'en ont qu'une vision parcellaire. Ces marchés sont prépondérants dans les transactions financières. Il en va donc du financement de nos économies*[2]. »

Ainsi, on a vu fleurir en 2009 les *dark pools*. Il s'agit de Bourses parallèles totalement dématéria-

1. *Over the counter*, littéralement « hors cote » : désigne toutes les transactions qui sont réalisées hors marché régulé.
2. *Le Figaro*, 30 juin 2009.

lisées qui servent à l'exécution des ordres de grande taille dans la discrétion la plus totale. Ces structures organisent les face-à-face entre les gérants de grands fonds, sans passer par le marché réglementé traditionnel. C'est par ordinateur que sont comparés les ordres et que l'offre est rapprochée de la demande. Autonomes ou logés au sein de nouvelles Bourses alternatives, ces *dark pools* traitent déjà 10 % du marché des actions européennes. Toutes les grandes banques y participent, et les régulateurs sont pratiquement impuissants à les contrôler, d'autant que leur fonctionnement est tout aussi incompréhensible que les CDS (*credit default swaps*), CDO (*collateralized debt obligations*), ARMS (*adjustable rate mortgages*) au moment de leur création.

C'est là un des effets pervers d'une des directives MIF (Markets in financial instruments directives) de Bruxelles entrée en application en 2007, destinée à stimuler la concurrence entre les Bourses pour faire baisser les prix des transactions. Résultat : les banques d'investissement ont créé leurs propres plateformes, dont certaines fonctionnent à perte parce qu'elles se rattrapent sur d'autres services. Ces nouveaux marchés opaques gagnent chaque jour des parts de marché. La City, qui veut absolument garder sa place de *leader*, les accueille à bras ouverts. Londres résiste à toute idée de les réguler. L'Union européenne parviendra-t-elle à accoucher d'une nouvelle réglementation ? Jean-Pierre Jouyet s'inquiète : « *Si aucun compromis politique n'est trouvé au niveau européen, nous serions condamnés, en France, à un arbitrage entre compétitivité et sécurité.* » Bien évidemment, le *lobby* financier pousse à ce qu'il y ait le moins de réglementations possible, pour ne pas laisser le champ libre à la City. Qui ne voit que cette absence de régulation nous prépare de nouvelles catastrophes ? Pendant que l'on se focalise sur un endettement public qui enfle démesurément, les docteurs Folamour de la finance s'en donnent à cœur joie[1].

S'attaquer aux *big banks*, ne pas hésiter à en démanteler certaines, à en nationaliser d'autres. Revoir le rôle des banques centrales, à commencer par celui de la Fed qui n'est pas la mieux placée pour être le surveillant général d'un système financier qu'elle a laissé déraper. Réguler plus sévèrement des marchés pour qui la transparence et la gouvernance ne sont qu'un slogan… Telles sont

1. À ce jeu, Goldman Sachs est toujours la meilleure. Ses profits explosent au deuxième trimestre 2009 : 3,4 milliards de dollars.

quelques-unes des conditions nécessaires – mais pas suffisantes – pour reconstruire un système financier au service du développement économique et de la croissance. On ne pourra pas non plus faire abstraction d'une réflexion sur la fiscalité au niveau mondial. Il faudra bien trouver des recettes pour résorber peu à peu les dettes publiques.

Le moment est venu de repenser de fond en comble les systèmes de taxation. On veut favoriser le développement durable ; il faut donc taxer les produits les plus polluants. On veut introduire un peu plus d'éthique dans la finance ; pourquoi ne pas taxer les transactions financières ? Les marchés de gré à gré des produits dérivés représentent annuellement près de 700 000 milliards de dollars de transactions. Une taxe de 0,1 % représenterait 700 milliards de dollars ; une taxe de 1 % rapporterait 7 000 milliards de dollars. Certes, on dira que ce n'est pas aussi simple. Mais, pour peu que les États unanimes se décident à contrôler les centres *offshore* et les mouvements de fonds des multinationales et des établissements financiers, il y a là un gisement de recettes considérables. Voilà pourquoi, pour la première fois, l'offensive contre les paradis fiscaux doit être prise au sérieux. Nécessité fait loi.

Offensive contre les paradis fiscaux

Quel est le plus gros exportateur de bananes vers l'Europe ? Spontanément, vous allez répondre le Brésil, un pays d'Amérique centrale, d'Afrique ou encore les Antilles françaises. Eh bien, non… vous avez tout faux ! C'est Jersey, cette île Anglo-Normande à quelques encablures de Cherbourg, où aucun bananier n'a jamais poussé. En revanche, il y pousse des *trusts* en abondance, cette structure juridique typiquement anglo-saxonne qui permet à un détenteur de biens de les confier à perpétuité à un tiers, le « trustee », au profit de bénéficiaires. Le port de Jersey ne voit pas défiler des conteneurs de bananes ou d'autres marchandises. En revanche, ses *trusts* et ses centaines d'agences bancaires sont au centre d'un commerce virtuel de marchandises bien réelles. Les bananes sont transportées directement des lieux de production vers les marchés de consommation, mais les bordereaux et les factures, eux, empruntent un tout autre chemin. La même cargaison aura peut-être changé de main dix fois pendant son transport. Autant de mouvements qui nourrissent les intermédiaires et alimentent le système financier. Nous touchons là au cœur de la globalisation. Jersey est un des soixante-douze paradis fiscaux et centres *offshore* aujourd'hui dans le collimateur des États. Les paradis fiscaux, ce sont des États ou des territoires permettant à des non-résidents de bénéficier d'une fiscalité très avantageuse. Soit que ces pays pratiquent des taux d'imposition très bas, comme l'Irlande par exemple ; soit qu'ils traitent mieux fiscalement les étrangers que les résidents, afin d'attirer leurs capitaux. C'est le cas de la Suisse. Les centres *offshore* qui ont proliféré depuis deux décennies sont, en fait, des sortes de boîtes aux lettres qui offrent aux entreprises, aux banques, aux compagnies d'assurances, aux gestionnaires de fonds, aux particuliers, un environnement déréglementé. Les îles Caïmans, mais aussi de minuscules îles du Pacifique entrent dans cette catégorie. On peut être un paradis fiscal sans être un centre *offshore*. Mais un centre *offshore* est toujours un paradis fiscal. Force est de constater que les États – tous les États – ont l'indignation tardive. Si ces paradis fiscaux se sont multipliés, c'est bien que les gouvernements ont fermé les yeux, quand ils ne les ont pas encouragés. Comment auraient-ils pu ignorer que 50 % des flux financiers mondiaux transitent par des paradis fiscaux ?

Depuis que l'impôt existe, il y a toujours eu, pour le contribuable fortuné, la tentation d'y échapper. Pendant des décennies – pour ne pas dire des siècles –, l'évasion fiscale est restée dans des limites raisonnables. Il existait de par le monde quelques havres, essentiellement la Suisse, ou de petites principautés comme le Liechtenstein, Monaco ou Andorre, où les riches, la bourgeoisie pouvaient confier leur argent à des banquiers discrets. Les motivations étaient de plusieurs ordres : il s'agissait souvent de doter les maîtresses, les enfants (légitimes ou non) en dehors des règles successorales. Il s'agissait aussi de mettre de l'argent de côté pour d'éventuels mauvais jours. Dans une Europe marquée par d'incessants conflits ou des guerres civiles, la banque suisse apparaissait comme le refuge en dernier ressort. D'autant qu'en 1934 le législateur helvète a décidé que toute violation du secret bancaire pouvait être punie d'emprisonnement[1].

1. En 1932, la police française avait saisi, dans la succursale parisienne de la Banque commerciale de Bâle, dix carnets contenant deux mille noms de clients français, parmi lesquels des parlementaires,

La Suisse va accueillir successivement l'argent des familles juives victimes des persécutions nazies, celui des dignitaires nazis, puis des classes dirigeantes de la *Mitteleuropa* qui fuient le communisme. Les banquiers suisses n'ont pas toujours été d'une honnêteté très scrupuleuse. Il leur est arrivé d'« oublier » de procéder à des recherches d'héritiers de comptes tombés en déshérence. Bénéficiant, par principe, de mandats de gestion très larges (les clients hésitant à se déplacer trop souvent ou à téléphoner), il leur arrivait d'arbitrer en faveur de la banque plutôt que du client.

Au début des années 1980, le petit monde des paradis fiscaux bénéficie, grâce à l'argent du crime organisé, d'un « nouveau moteur de croissance ». Certes, le « milieu » cherchait traditionnellement à blanchir des revenus qui ne

---

des généraux, des magistrats, deux évêques, des directeurs de journaux, le propriétaire du *Figaro* et des grandes familles industrielles. Pour protéger les clients de ses banques et éviter que des employés ne soient tentés de les trahir, la Suisse fit voter la loi sur le secret bancaire.

Fin 1981, l'histoire se répète. Les douanes perquisitionnent le bureau d'un des fondés de pouvoir de Paribas, alors en cours de nationalisation par le nouveau gouvernement de gauche. Les douaniers saisissent un carnet avec les noms des clients pour lesquels la banque a organisé des compensations avec la Suisse. L'affaire vire au drame lorsque le fondé de pouvoir se suicide.

représentaient qu'une part infime des PIB. Avec la mondialisation du marché de la drogue, Cosa Nostra et les autres mafias changent de dimension. L'argent coule à flots. La cocaïne produite en Colombie inonde les États-Unis, puis l'Europe, irriguant toute la chaîne du trafic. Ce sont des dizaines de milliards de dollars qui doivent désormais être blanchis chaque année. Une petite partie tente de se laver dans les paradis fiscaux traditionnels, mais l'essentiel va se localiser à égale distance du producteur et du consommateur, dans les chapelets d'îles de la mer des Caraïbes[1]. Les îles Caïmans et quelques autres ont trouvé leur vocation. À l'argent du crime organisé s'ajoute, à la fin des années 1980, celui en provenance d'URSS. Conscients que le système était en train de s'effondrer, les hiérarques du Parti communiste et du KGB ont commencé à exporter des capitaux. Au total, on estime qu'entre 1987 et 1992, 270 milliards de dollars sont ainsi sortis d'URSS vers des paradis

1. Fidel Castro et Cuba ne sortiront pas indemnes de ce trafic. Pour se procurer des devises, des dirigeants cubains ont favorisé, à la fin des années 1980, les transferts de cocaïne à la limite de leurs eaux territoriales. Le général Ochoa servira de bouc émissaire et sera fusillé.

fiscaux. Une fois lavés, ces fonds ont ensuite été réinvestis en Occident et en Russie.

Pendant longtemps, les paradis fiscaux n'ont brassé que des dizaines de milliards de dollars ; dans les années 1980, on passe aux centaines de milliards pour atteindre, dans les années 1990, les milliers de milliards de dollars grâce à l'argent des multinationales, de la finance et à cette idéologie néolibérale qui érige l'optimisation fiscale en dogme. Ce fut un sujet longtemps tabou, les gouvernements, de gauche comme de droite, ayant tous cédé à la pression des *lobbies* des grandes entreprises. En 2000, selon le FMI, les paradis fiscaux pesaient 1 700 milliards de dollars. En 2005, sept fois plus, soit 11 500 milliards de dollars, selon l'une des ONG spécialisées dans l'évasion fiscale. Selon une étude remise au gouvernement norvégien, 20 % des dépôts dans les paradis fiscaux proviennent des pays en voie de développement (PVD), soit plus de 2 200 milliards de dollars. C'est trente fois ce que les PVD reçoivent sous forme d'aides. L'argent – c'est bien connu – va à l'argent. Dès lors que les multinationales ont organisé l'externalisation d'une partie de leurs bénéfices dans des centres *offshore*, l'industrie financière les a suivies. Elle a apporté son savoir-faire et permis à tous les acteurs de démultiplier leurs profits, avec une imposition voisine de zéro. Au passage, des personnes physiques se sont bien évidemment glissées dans le dispositif. Ne dit-on pas que, derrière l'affaire Madoff, il y avait aussi une vaste entreprise d'évasion fiscale de riches Américains, puisque la moitié des comptes détenus par les sociétés d'investissement de Madoff étaient domiciliés dans différentes îles des Antilles ? Le personnage central d'une affaire similaire, le Texan Robert Allen Stanford, était le « bienfaiteur » de l'île d'Antigua, où il avait domicilié son principal fonds et la dizaine de milliards de dollars qui s'y sont évaporés.

En vingt ans, on a vu les multinationales payer de moins en moins d'impôts, obligeant les États à reporter l'essentiel de la pression fiscale sur les catégories sociales qui ne peuvent pas, elles, s'expatrier. Aux États-Unis, 83 des 100 premières sociétés disposent de filiales dans des paradis fiscaux. Résultat : entre 1996 et 2000, alors que l'économie américaine tourne à plein régime, près des deux tiers des entreprises n'ont pas payé d'impôt. Même phénomène en Grande-Bretagne, où un tiers des sept cents premières entreprises ont échappé au fisc en 2006 et 2007.

Les grandes entreprises françaises ne sont pas en reste. Celles du Cac 40 disposent, au total, de 1 470 sociétés *offshore*. BNP Paribas occupe la première place (189 établissements, dont 27 au Luxembourg et 21 aux îles Caïmans), suivie de LVMH (140) et Schneider (131)[1]. Les experts de la mission de suivi sur les paradis fiscaux, créée par Bercy, ont ainsi découvert qu'en 2008, année pourtant difficile pour les établissements financiers, les banques françaises avaient dégagé plus de 3 milliards de profits nets sur les opérations réalisées dans les paradis fiscaux. Il ne s'agit pas de profits sur des opérations de transfert, mais bel et bien des bénéfices générés par les centaines de sociétés que nos banques ont créées dans les centres *offshore*.

Les îles Caïmans sont devenues, avec Jersey et quelques autres, le symbole de ces sites *offshore*. On cite souvent l'exemple d'un immeuble, Ugland House, qui sert de boîte aux lettres offi-

1. Marie-Salomé Rinuy et Christian Chavagneux, « Les entreprises françaises aiment les paradis fiscaux », *Alternatives économiques*, n° 279, avril 2009.

cielle à pas moins de 18 857 entreprises ! Devenues la cinquième place financière mondiale, les îles Caïmans abritent 80 000 entreprises. La finance représente 40 % de son PIB. Sur les 52 000 habitants des îles, la moitié sont des expatriés anglo-saxons spécialisés en fiscalité et en droit des affaires.

Au fil des années, les centres *offshore* se sont spécialisés. Selon le patron de Tax Justice Network, « *Jersey vend de l'opacité pour permettre aux banques, aux grandes entreprises, voire aux États, de faire circuler les capitaux dans la plus totale impunité. Les paradis fiscaux ont tous leur spécialité. Au Liechtenstein, ce sont les fondations ; à Jersey, ce sont les* trusts, *des structures qui échappent à toute régulation. Les entreprises panachent : elles ouvrent un* trust *à Jersey qui détiendra un compte au Luxembourg, dont les fonds transiteront* via *un véhicule d'investissement aux Bermudes... Impossible de retracer les flux*[1] ».

Quelques chiffres : la Suisse abrite le tiers de l'épargne mondiale gérée hors pays de résidence. La gestion de fortunes étrangères représente

1. Doan Bui, « Les paradis fiscaux au purgatoire », *Le Nouvel Observateur*, 2-8 avril 2009.

2 000 milliards de dollars et assure 11,4 % de son PIB. Les îles Caïmans abritent également 2 000 milliards de dollars, et les deux tiers des *hedge funds* y sont localisés. Le Liechtenstein fait figure de parent pauvre avec 165 milliards de dollars seulement.

Dans les années 1990, l'offensive contre les paradis fiscaux n'a, en réalité, été menée que par un quarteron de juges d'instruction. Ils cherchaient à remonter les filières des pots-de-vin, les fortunes planquées par des dirigeants du tiers-monde, voire le blanchiment des narcodollars. C'est ainsi que virent le jour des organismes, tels Tracfin ou le Gafi, des procédures faisant obligation aux banques de signaler tout dépôt ou ouverture de compte suspects – la France étant en pointe dans cette réglementation[1].

La première offensive sérieuse contre les centres *offshore* est directement liée au 11-Septembre. Washington a exigé une coopération totale et entière de ces centres dans la chasse aux filières ter-

1. Alors que les dépôts et retraits d'argent liquide de plus de 1 500 euros sont traités avec méfiance par les banques françaises, en Espagne, les chèques au porteur existent toujours, et vous pouvez retirer ou déposer des milliers d'euros sans problème.

roristes. Il s'agissait de traquer l'argent d'Al-Qaida et des islamistes. Les îles Caïmans ont immédiatement obtempéré et fourni aux Américains les renseignements qu'ils souhaitaient. *Idem* pour toutes les îles Anglo-Normandes, par lesquelles les capitaux arabes ont souvent transité. Les paradis fiscaux avaient déjà compris qu'il fallait collaborer avec les justices de différents pays en matière de blanchiment de l'argent du crime organisé. Ils vont faire du zèle dans la traque des filières islamistes, et ce bien évidemment pour préserver l'essentiel de leurs fonds de commerce : l'optimisation, l'évasion fiscale de la part des multinationales et de la finance mondiale. Une anecdote en dit long sur l'état d'esprit des Anglo-Saxons. En 2000, le ministère français de l'Intérieur lance une vaste enquête sur le rôle des îles Anglo-Normandes. Interrogé sur les possibilités pour des enquêteurs français de mener des investigations sur place, son homologue britannique avait fort habilement botté en touche : « *Si vous avez besoin de renseignements, demandez-nous. Nous avons livre ouvert dans les paradis fiscaux britanniques.* » Et d'ajouter avec un grand sourire : « *Sachez également que ces îles sont la propriété privée de la couronne et n'appartiennent donc pas à l'État.* » Commentaire d'un des hauts fonctionnaires français : *« C'était une manière de nous dire "circulez, il n'y a rien à voir". »* Les Britanniques, mais aussi les Américains ne tenaient pas, en ces temps-là, à ce que l'on découvre le grand secret de la globalisation : les marchés financiers, les multinationales, Wall Street, la City et quelques grands centres financiers (comme Hong Kong) vivent en étroite symbiose avec les paradis fiscaux et les centres *offshore*. Ils ont besoin d'eux pour externaliser et maximiser leurs profits. En France, le montant d'impôt effectivement payé par les grandes entreprises est un secret d'État, que l'on se transmet de ministre du Budget en ministre du Budget, tant la réponse à cette simple question serait explosive sur le plan politique et social. Les multinationales françaises, mais aussi les autres, ne paient pratiquement plus un sou d'impôt en France[1]. Tant que le capitalisme financier et la globalisation ont eu le vent en poupe, aucun parti de gouvernement ne s'est risqué à partir en guerre contre ce phénomène, même si beaucoup trouvaient cette situation amorale. Mais, avec la crise, tout change. Dès lors que l'on critique ouvertement un système qui a failli, les langues se

1. Voir *La Crise globale, op. cit.* p. 100-101.

délient et l'on commence à parler des vrais sujets, même si les *lobbies* tentent de contrecarrer toutes les velléités de réforme en profondeur.

On n'a sans doute pas prêté suffisamment attention aux propos de Barack Obama pendant sa campagne et à son action comme sénateur de l'Illinois. Il avait ainsi déposé une proposition de loi en février 2007 dont l'intitulé dit bien ce qu'il veut dire : *Stop Tax Haven Abuse Act*. Un texte destiné à enrayer les évasions fiscales vers les centres *offshore*. À plusieurs reprises, lors des primaires, il s'est étonné que le taux d'imposition moyen des multinationales américaines ne dépasse pas 8 %, alors que l'impôt sur les sociétés est de 35 %[1]. C'est un sujet qui, visiblement, lui tient à cœur. C'est également un sujet que Nicolas Sarkozy a brusquement découvert au lendemain de la faillite de Lehman Brothers. Quant à Dominique Strauss-Kahn, directeur général du FMI, il n'hésite pas à parler de la nécessité de *« dynamiter les paradis fiscaux »*.

Pendant un temps, on a pu penser que cette offensive des gouvernements ne toucherait pas à

1. En 2004, les multinationales américaines n'auraient payé que 16 milliards de dollars d'impôts sur 700 milliards de bénéfices.

l'essentiel. Certes, l'administration américaine a lancé une action de grande envergure contre UBS, la grande banque suisse. Elle l'a obligée à dévoiler les noms de trois cents Américains accusés de fraude fiscale et disposant de comptes chez elle. Le bras de fer se poursuit afin de contraindre la banque à dénoncer 52 000 autres clients américains. Cette offensive de Washington contre UBS, un des principaux concurrents outre-Atlantique des trois grandes banques d'investissement américaines, n'est d'ailleurs pas dénuée d'ambiguïté. « Donnez-nous les noms de vos 52 000 clients américains, sinon vous ne pourrez plus exercer d'activité bancaire aux États-Unis », tel est le chantage auquel est soumise la banque suisse, dont un tiers des actifs est situé aux États-Unis. Si elle cède, elle met en péril, non seulement sa crédibilité, mais celle de toutes les autres banques helvètes. Voilà pourquoi le gouvernement suisse est monté au créneau et a interdit à UBS de divulguer ce listing. Un tel acte serait une violation de la loi sur le secret bancaire. Autant les Suisses sont d'accord pour donner, au cas par cas, les informations nécessaires dans des affaires de fraude fiscale, autant ils ne peuvent pas accepter de voir les fichiers de leurs clients et le montant de leurs avoirs circuler un peu partout. Reste que cette offensive américaine vise les comptes des particuliers et non ceux des entreprises ! De même, en France, Bercy et le ministre du Budget rejouent un scénario classique en invitant les personnes physiques détentrices de comptes non déclarés à l'étranger à se dénoncer pour bénéficier de la clémence du fisc. Généralement, cela ne donne que très peu de résultat.

Lors du G20 du mois d'avril 2009, on a amusé la galerie avec la liste noire des paradis fiscaux établie par l'OCDE. L'organisation classe les pays selon qu'ils se conforment ou non à ses critères d'échange d'informations en matière fiscale. Curieusement, l'île de Man ou les îles Anglo-Normandes ne sont pas sur la liste noire, parce qu'elles ont signé au moins douze conventions fiscales aux normes de l'OCDE. Il y a eu un psychodrame autour de Hong Kong et de Macao, supprimés de la liste des centres non coopératifs, malgré l'insistance de Nicolas Sarkozy pour les y maintenir. En fait, avec cette liste de l'OCDE, on est, explique Eva Joly, « *dans l'hypocrisie la plus totale. On va demander à l'OCDE d'inciter les places* offshore *à signer des conventions fiscales, mais ce type de convention est néfaste : c'est comme passer un contrat avec les voleurs. En ce qui concerne l'échange d'informations qu'elles prévoient, je peux vous dire, d'après mon expérience de juge d'instruction, que ce que vous obtenez reste assez limité, puisqu'il n'y a ni registre, ni comptabilité, ni organe de contrôle... Quant aux listes noires de l'OCDE, d'une certaine manière, c'est un retour en arrière. Cet organisme a commencé à lutter contre les paradis fiscaux dans le milieu des années 1990 et, depuis, l'évolution des encours dans ces places a suivi une courbe en J ! La seule réforme valable, ce serait l'échange automatique d'informations : que Jersey adresse à la France la liste des clients français de ses banques, y compris des bénéficiaires des* trusts[1] ». Un vœu pieux ? Peut-être pas totalement, car Barack Obama paraît vouloir poursuivre son idée. Autant il a laissé la bride sur le cou au trio Bernanke-Summers-Geithner pour les affaires bancaires, autant il semble ne pas vouloir lâcher le morceau en matière de taxation des multinationales. Une étude confidentielle menée par trois personnalités de sensibilités diverses est opportunément venue conforter le président dans ses convictions.

En 2004, George W. Bush, sous la pression du *lobby* des grandes entreprises, a fait adopter le *Homeland Investissement Act*, rebaptisé *Tax*

1. *Le Nouvel Observateur*, 2-8 avril 2009.

Holiday. L'objectif en paraît louable. Afin d'inciter les multinationales à rapatrier les profits localisés hors du territoire américain, une forte réduction d'impôt est accordée aux sommes qui reviennent aux États-Unis : le taux n'est plus qu'à 5,25 %, au lieu de 35 %. À une condition toutefois : que cet argent ne soit pas utilisé pour distribuer des dividendes supplémentaires ou financer des programmes de rachat d'actions. Une clause qui avait permis d'emporter l'adhésion du Congrès. Que révèle cette étude ? Que les multinationales ont triché, menti. En 2005, la *Tax Holiday* a permis le rapatriement de 299 milliards de dollars. Sur ce total, 92 % ont été reversés directement aux… actionnaires sous forme de dividendes ou de rachats d'actions. Les financiers ne sont pas les seuls tricheurs. Dell a ainsi fait revenir 4 milliards de profits qui sont alors taxés au taux réduit de 5,25 %. Le seul investissement réalisé en contrepartie portera sur une usine de 100 millions de dollars dont la construction était de toute façon programmée. Le reste est allé aux actionnaires.

Ce sont ces pratiques auxquelles veut s'attaquer en priorité Barack Obama. Déjà, dans le projet de budget 2009-2010 publié fin février 2009, il était prévu des recettes supplémentaires de 210 milliards de dollars grâce à des réformes fiscales visant à majorer la taxation des multinationales d'origine américaine. Début mai, le président va plus loin. Il explique qu'il veut supprimer les avantages fiscaux des sociétés qui délocalisent leurs activités et créent des emplois à l'étranger : « *Il faut mettre un terme aux lacunes de notre Code des impôts, arrêter l'évasion fiscale et rendre plus profitable la création d'emplois aux États-Unis.* » Le fisc américain n'aurait plus la charge de la preuve en cas de litige. Huit cents agents supplémentaires vont être recrutés pour faire la chasse aux fraudeurs. Des décisions qui ont immédiatement mobilisé les *lobbies* des grandes entreprises, ceux des fonds spéculatifs, mais aussi tous les cabinets d'avocats spécialisés dans les montages fiscaux. Et tous de hurler contre des mesures qui vont « *saper la compétitivité des entreprises américaines* » ! Un nouveau bras de fer s'engage.

Les États, les gouvernements oseront-ils aller jusqu'au bout ? Ils ont, bien sûr, les moyens de faire pression sur les dirigeants des centres *offshore*, mais ils ont aussi les moyens d'imposer un peu plus de transparence en matière de transactions financières[1]. Pourquoi ne pas obliger les multinationales à détailler la ventilation de leurs bénéfices et des impôts correspondants, pays par pays ? Aux actionnaires, les vrais, les fidèles, de faire pression sur les *managers* pour obtenir ces informations. Quant aux banques, dès lors qu'elles gèrent l'argent des déposants, les régulateurs devraient imposer la plus grande transparence sur leur présence dans les centres *offshore* ou les paradis fiscaux.

Si l'on veut éviter, à l'avenir, que le *dumping* fiscal ne soit un facteur de concurrence déloyale, il faudra bien que les grands États tendent à une certaine harmonisation fiscale, à commencer par l'Europe. On voit bien qu'en matière de revenus de capitaux on s'achemine vers un taux d'imposition voisin de 20 %. Les uns, comme la France, incorporant en plus une part de cotisation

1. Les États européens vont proposer des « primes » pour recruter des informateurs à l'intérieur des établissements financiers des paradis fiscaux. Beaucoup de banques sous-traitent leur informatique quotidienne en Inde. Les fiscs de plusieurs États ont commencé à recruter des informateurs parmi ces sous-traitants indiens. Pour quelques centaines d'euros, ils rechercheront et copieront dans les données informatiques les renseignements susceptibles d'aider les agents du fisc.

sociale, d'autres non. *Idem* pour l'impôt sur les sociétés. On aboutirait ainsi, à terme, à une sorte de serpent fiscal international que chacun s'engagerait à respecter, mais qui laisserait aux États une certaine marge de manœuvre, en fonction de l'histoire et des coutumes du pays.

Vers la fin de l'étalon dollar ?

« *Le dollar, c'est notre monnaie, mais c'est votre problème.* » La boutade du secrétaire d'État au Trésor de Richard Nixon, John Connally, est célèbre. Elle reflète une réalité : celle de la domination sans partage de la devise américaine depuis la Première Guerre mondiale. On ne peut pas comprendre l'évolution de l'économie mondiale depuis près d'un siècle sans avoir présente à l'esprit la politique monétaire et en premier lieu celle des États-Unis. Pendant la guerre de 14-18, l'Amérique fournit des armes, des biens et des services aux belligérants, y compris, au début, aux Allemands. Une partie est payée en or. Les États-Unis détenaient 15 % des réserves d'or mondiales en 1913, en 1920 ils en possèdent 30 %. Toute la politique de la jeune Réserve fédérale et de Washington consiste à accroître ses réserves, à récupérer l'or des grands pays étrangers qui doivent payer leurs dettes et celui des ménages américains. Il s'agit d'une stratégie délibérée pour que les douze banques de la Fed, et surtout celle de New York, conservent dans leurs coffres l'essentiel du stock d'or mondial[1]. Or, les États-Unis n'ont pas accru en proportion leur masse monétaire, la valeur du dollar papier restant fixée à 20 dollars l'once. Ils n'ont pas non plus laissé refluer vers l'Europe, sous la forme d'achats de marchandises et de transferts de devises, ce qu'ils avaient récupéré pendant et après la guerre. Cette accumulation du métal jaune *« a provoqué une rareté encore plus grande de la base monétaire internationale, et un renforcement de la propension des acteurs économiques à thésauriser, plutôt que d'investir ou de consommer*[2] *»*. Le phénomène est encore amplifié par la crise de 1929, puis par la Grande Dépression à partir de 1932. Car Franklin Roosevelt ne change pas cette politique, bien au contraire. Il fait même passer une loi, le *Gold Confiscation Order*, interdisant l'utilisation et la possession d'or monétaire par les particuliers, sous

1. Lire, à ce sujet, l'ouvrage d'Édouard Husson et Norman Palma, *Le Capitalisme malade de sa monnaie*, *op. cit.*
2. *Ibid.*

peine de confiscation. Au passage, le dollar dévalue de 20 à 35 dollars l'once. Les États-Unis continuent alors d'accroître leurs réserves de métal jaune, à Fort Knox, mais aussi et surtout dans les caves de la Fed de New York. En 1932, ils détiennent 12 320 tonnes d'or, soit 44 % du stock mondial ; en juillet 1944, 21 700 tonnes, soit les trois quarts des réserves mondiales. Durant toute cette période rooseveltienne, le dollar est considéré comme *« aussi bon que l'or »*. Avec les accords de Bretton Woods, il est garanti par l'or, c'est-à-dire indexé sur le métal jaune, sur la base de 35 dollars l'once, une valeur garantie par les réserves des États-Unis. Le dollar, c'est l'or. Pour le général de Gaulle, les États-Unis étaient ainsi devenus *« les fournisseurs de l'univers »*. *« Il pouvait paraître naturel que les autres États fissent entrer indistinctement des dollars ou de l'or dans leurs réserves de change, et que les balances extérieures des paiements s'établissent par transferts de crédits ou de signes monétaires américains, aussi bien que de métal précieux. »*

Une troisième étape commence le 15 août 1971, lorsque Richard Nixon décide de supprimer la garantie or du dollar. Un coup de force qui s'explique notamment par la montée des déficits américains due à la guerre du Vietnam et par la diminution du stock d'or des États-Unis. Plutôt que de revenir à un système fondé sur le seul étalon or, les États s'accommodent alors d'un système de change où le dollar devient l'étalon, la monnaie universelle. Du même coup, en laissant le marché établir la valeur des devises, on ouvrait aux banques et au système financier un champ d'activités et de profits considérable. Depuis cette date, le dollar n'a pas de concurrent. Les Japonais auraient bien aimé faire du yen une grande monnaie. Washington, avec la complicité tacite de Pékin, a ruiné leurs espoirs dans les années 1980[1]. Les Européens, plutôt que de militer pour un retour à l'étalon or, ont, eux, choisi de construire leur propre monnaie, à côté, ou plutôt en dessous du dollar.

L'Écu, puis l'euro se sont donc développés avec la bénédiction des États-Unis et de la Fed. Il leur était plus habile de favoriser une concurrence limitée, plutôt que de s'opposer frontalement aux désirs des Français et des Allemands. De plus, cela pouvait créer un peu d'animation supplémentaire pour les marchés financiers qui pouvaient jouer alternativement la baisse de l'un et la hausse de

1. Voir *La Crise globale, op. cit.*, p. 40 et *ss*.

l'autre, et réciproquement. Jusqu'au printemps 2009, la Fed a été *de facto* le tuteur du système financier mondial. Un rôle qui explique bien des attitudes, bien des comportements de la BCE, à commencer par celui de son actuel président, Jean-Claude Trichet. L'euro n'ayant pu se faire sans l'aval de Washington, le président de la BCE a dû d'abord être adoubé par la Fed, avant d'être choisi et nommé officiellement par le conseil des chefs d'État de la zone euro. Les Français, toujours suspectés d'hérésie gaulliste par les Anglo-Saxons, n'étaient pas les mieux placés pour occuper la première présidence de la Banque centrale européenne. Voilà pourquoi, malgré les promesses de Helmut Kohl à François Mitterrand (le siège de la BCE à Francfort et la présidence pour un Français), les Européens ont choisi comme premier président le Néerlandais Wim Duisenberg, un pur libéral, féal du dollar, au lieu de Jean-Claude Trichet. Ce dernier avait certes su se faire apprécier de l'*establishment* financier international, mais il avait le handicap d'être français, et de penser peut-être un peu trop que les intérêts de l'Europe n'étaient pas toujours compatibles avec ceux des États-Unis. Wim Duisenberg ayant démissionné au bout de cinq ans, Jean-Claude Trichet lui a naturellement succédé pour un mandat de huit ans. Pour être enfin adoubé, il a dû composer avec l'*establishment* allemand qui, toujours traumatisé par l'inflation et la république de Weimar, n'a pas, au fond, accepté l'euro et l'abandon du mark. Il a dû aussi s'abstenir de critiquer la Fed. Exercice difficile, surtout lorsque la politique de baisse des taux d'Alan Greenspan a débouché sur l'inflation des actifs immobiliers et financiers. Lorsque Jean-Claude Trichet justifiait sa frilosité à baisser les taux par les risques d'inflation, il fallait comprendre risques… d'inflation d'actifs. Lorsqu'il dénonçait l'inflation naissante, il visait non pas les prix des produits alimentaires ou des biens d'équipement, mais la croissance de la masse monétaire… aux États-Unis. Une critique implicite qu'il fallait lire entre les lignes. Car, pour le président de la BCE, critiquer publiquement le parrain équivalait à un suicide. Jean-Claude Trichet était bien placé pour voir les effets de la contagion anglo-saxonne en Europe : bulles immobilières qui enflent démesurément en Espagne, celles des LBO et autres, toutes rendues possibles par un crédit abondant et trop bon marché. Il fut de bon ton, en France, à gauche comme à droite, de le critiquer. Il est certes critiquable. Sans doute a-t-il péché par naïveté, pas vu suffisamment tôt les liens monétaires étroits noués entre la Chine et les États-Unis. Sans doute fait-il trop confiance à l'économétrie, aux graphiques, aux experts en tout genre et pas assez à la micro-économie. Sans doute écoute-t-il trop attentivement les « casques à pointe » de la Bundesbank. Reste que Jean-Claude Trichet est un honnête homme, au sens premier du terme. Il n'a rien à voir avec les « banksters » américains dont le principal moteur est l'avidité. Il pilote à vue dans une mer déchaînée. Il résiste – à juste titre – à la pression en faveur des taux zéro, car l'argent doit avoir un coût. Les taux zéro, on l'a vu, ne profitent qu'aux banquiers qui ne répercutent pas la baisse sur les acteurs économiques. Des banquiers dont le comportement inquiète, à juste titre, le président de la BCE et le gouvernement[1].

L'explosion des déficits publics américains, l'injection massive de dollars par la Fed auraient

1. Début juillet 2009, le ministre allemand des Finances accuse les banques de ne pas remplir leur rôle de financement de l'économie et de « *préférer placer l'argent fourni par la BCE en devises, en obligations, en actions* ».

déjà dû provoquer un repli du dollar. Or, rien de tel ne s'est produit jusqu'à maintenant. Comment expliquer ce phénomène ? Par trois raisons. La première, c'est que, dans un premier temps, les fonds d'investissement américains ont liquidé une partie de leurs actifs dans le reste du monde, notamment en Europe, mais aussi dans le tiers-monde, pour pouvoir faire face aux demandes de remboursement et aux besoins de financement sur le sol américain. Ils ont donc vendu de l'euro et quelques autres monnaies contre des dollars. La deuxième raison est que le billet vert représente toujours, pour bon nombre d'investisseurs, une monnaie refuge. Dans un monde de plus en plus instable, incertain, où les menaces terroristes et de conflits locaux se multiplient, les États-Unis demeurent, dans l'imaginaire de bien des détenteurs de capitaux, comme le « havre en dernier ressort ». Le seul lieu au monde où l'on puisse mettre des capitaux à l'abri. On a vu ainsi la diaspora chinoise transférer vers l'Amérique, depuis le début de la crise, des dizaines de milliards de dollars. Malgré toutes les incertitudes, le billet vert n'a pas – encore – de véritable concurrent. D'ailleurs, les Européens ne tiennent pas, au fond, à ce que l'euro se substitue au dollar. Avoir une monnaie trop forte pénalise leurs exportations. En outre, le yuan et bien des monnaies des pays émergents étant plus ou moins liés à la devise américaine, une hausse trop forte de l'euro ne ferait qu'accroître la compétitivité des biens produits hors d'Europe, au moment où il faut, bien au contraire, relocaliser une partie des productions. La troisième raison à cette stabilité surprenante des cours du dollar est à chercher du côté de Pékin. Ce n'est pas l'intérêt de la Chine de laisser s'effondrer une monnaie qui représente plus des deux tiers de ses réserves de change. Les deux pays se tiennent par la barbichette. Washington a besoin des Chinois pour continuer à financer ses déficits, et Pékin ne peut pas cesser brutalement ses achats de bons du Trésor américain : cela reviendrait à scier la branche sur laquelle une partie de la richesse chinoise est assise. Le règne de l'étalon dollar a été conforté depuis trente ans par cette alliance contre nature entre le Parti communiste chinois et le capitalisme anglo-saxon.

La globalisation n'a, au fond, été qu'un vaste transfert de capitaux, de richesses, d'emplois qui a surtout profité à deux pays – la Chine et les États-Unis –, aux multinationales et au système financier. Toute l'astuce a consisté à délocaliser là où les coûts de production étaient les plus faibles, puis à réexporter vers les marchés consommateurs des biens bon marché. Les recettes engrangées par les pays producteurs étant réinvesties, recyclées pour l'essentiel… dans des actifs financiers gérés aux États-Unis et en Europe.

Paul Fabra a bien décrit ce mécanisme : « *Sous couvert de la globalisation et de la course à la compétitivité pour la compétitivité qu'elle a déclenchée, tous les pays, à l'exception du pays émetteur de la monnaie de réserve, vivent sous la loi du mercantilisme (pour Adam Smith : la forme pervertie et détestable du libre-échange !). Une majorité d'entre eux y parviennent, en ce sens que, même très pauvres, ils vendent plus au reste du monde qu'ils ne lui achètent. Au moyen des excédents de balance des paiements ainsi gagnés à la sueur de leur front, ils achètent des titres d'emprunt émis par le Trésor américain ou ses dépendances. Involontairement, ils ouvrent un nouveau crédit aux États-Unis, devenus le débiteur universel, la plupart des pays du monde étant devenus leurs bailleurs de fonds*[1]. » Et Paul Fabra de dénoncer le sophisme keynésien : « *À chaque fois que le gouvernement américain augmente ses dépenses, il ajoute à la richesse nationale,*

1. « Rationalité de la relique barbare », *Les Échos*, 23 juin 2009.

puisque les moyens de paiement pour y faire face ne sont pas prélevés par l'impôt ou par l'emprunt sur le revenu national. Ils sont fournis par les créanciers involontaires. » C'est ainsi que George W. Bush a pu financer la guerre en Irak et celle d'Afghanistan sans recourir aux impôts. Barack Obama ne va-t-il pas suivre la même voie ? Combien de temps les créanciers des États-Unis vont-ils accepter un tel déséquilibre qui va encore s'aggraver avec la nouvelle bulle des dettes publiques ?

Les Européens ne pourront plus, à l'avenir, participer aux fins de mois du Trésor américain. Ils ont leurs propres dettes et, s'ils sont logiques, il va leur falloir consacrer en priorité leur épargne à les financer. Le tiers-monde est exsangue, et les pays producteurs de pétrole (hormis l'Arabie saoudite et les Émirats) ont vu leurs réserves fondre avec l'effondrement des cours de l'or noir. Les seuls qui peuvent financer les trillions de dollars que vont devoir émettre les autorités monétaires américaines pour financer leurs déficits sont donc les Asiatiques… et les Américains eux-mêmes. Avec, à terme, un croisement des courbes, l'épargne des premiers étant peu à peu remplacée par celle des seconds. C'est, à l'évidence, ce qui s'est négocié au printemps 2009 entre Pékin et Washington. Ce sujet fut au centre des discussions lors des voyages de Hillary Clinton et de Tim Geithner. Ceux-ci ont fait miroiter à leurs interlocuteurs la possibilité d'une réforme du système monétaire international à horizon de quelques années. Une réforme qui ne ferait plus du dollar le seul étalon monétaire mondial. Étaient-ils sincères ? Cherchaient-ils seulement à gagner du temps ? Les deux, sans doute. En face, Pékin a visiblement élaboré une stratégie à long terme.

La stratégie de Pékin

Quelques jours avant le G20 de Londres, en avril 2009, le Premier ministre chinois, Wen Jiabao, s'est inquiété publiquement de la valeur, à terme, de ses réserves qui s'élèvent à 2 131 milliards de dollars, soit presque la moitié du PIB chinois en 2008. Les deux tiers sont libellés en dollars, dont près de 800 milliards en obligations du Trésor américain. En 2004, les réserves chinoises n'atteignaient que 600 milliards de dollars. Simultanément, le gouverneur de la Banque centrale de Chine, Zhou Xiaochuan, publie une série d'articles sur la vision chinoise du système financier mondial, et s'inquiète des *« vulnérabilités inhérentes et des risques systémiques dans le système monétaire international »*. Analysant les comportements, il justifie les taux d'épargne élevés en Chine et en Asie par des traditions culturelles et des réactions de défense des populations contre la *« spéculation prédatrice »* qui ruina bon nombre d'épargnants asiatiques lors de la crise financière de 1997. Constatant qu'à terme *« les États-Unis ne pourront pas poursuivre un schéma de croissance conjuguant forte consommation et épargne faible »*, il ajoute : *« Ce n'est pas cependant aujourd'hui le bon moment pour qu'ils relèvent leur taux d'épargne. »* Le message est clair : les Américains vont devoir apprendre à moins consommer et à plus épargner, mais cela doit se faire progressivement, car les usines chinoises ne peuvent pas se reconvertir du jour au lendemain. Elles doivent continuer à approvisionner le marché américain, en attendant que d'autres marchés, à commencer par le chinois, prennent peu à peu la relève. Voilà pourquoi le recyclage par Pékin de ses excédents financiers gagnés à l'exportation ne va pas cesser brusquement. Mais, dans le même temps, Pékin multiplie les initiatives pour préparer l'aprèsdollar. Contrairement à ce que l'on aurait pu penser, la Chine ne va pas basculer ses réserves vers l'euro, et encore moins vers le yen. En revanche, elle augmente ses réserves en or. Un mouvement commencé dans la discrétion en 2004, auquel on a donné beaucoup de publicité depuis le début de 2009. La Chine est devenue le cinquième plus grand possesseur mondial de métal jaune, avec 1 054 tonnes, juste devant la Suisse. Certes, elle est encore loin des États-Unis (8 133,5 tonnes), de l'Allemagne (3 412), de la France (2 487) et de l'Italie (2 451). Certes, ce stock ne représente que 1,6 % des réserves de change de la Banque centrale, alors que ce taux moyen est voisin de 70 % pour les autres grands détenteurs. Mais ces achats et surtout la publicité qui en a été faite témoignent d'une volonté de Pékin : *« J'achète de l'or parce que, demain, le futur système monétaire intégrera peut-être une référence à cette vieille relique. »*

Second axe de la stratégie : les accords de *swaps* avec un certain nombre de pays qui ne font plus référence au dollar. Il s'agit de montrer que l'on peut commercer sans être obligé de passer par le monopole de la devise américaine. Début avril, la banque centrale chinoise a conclu un accord avec l'Argentine. Les deux pays ont décidé d'échanger sur trois ans pour plus de 70 milliards de yuans (10 milliards de dollars) et de promouvoir une ébauche d'échanges n'utilisant pas le dollar. La banque centrale d'Argentine mettrait des yuans à disposition de certains importateurs locaux, pour qu'ils négocient directement avec les exportateurs chinois les factures de leurs achats dans cette monnaie. Parallèlement, la banque centrale chinoise va ouvrir un compte en pesos à la banque centrale argentine pour faciliter les achats de produits chinois. Pékin a signé cinq autres accords de *swaps* : quatre avec ses voisins du Sud-Est asiatique (la Corée du Sud, Hong Kong, la Malaisie et l'Indonésie) et un avec la Biélorussie. Le yuan n'est pas convertible, mais ces accords constituent un premier pas vers la convertibilité. Les Chinois vont appliquer à la monnaie la même stratégie que pour l'économie de marché : ils vont acclimater peu à peu leurs entreprises ; des « zones spéciales » où ces dernières pourront exporter sans passer par la case dollar vont être mises en place afin de les habituer aux contraintes d'une monnaie convertible. Déjà six entreprises de Shanghaï ont été autorisées à signer des contrats en yuans avec des partenaires de Hong Kong et d'Indonésie.

Enfin, Pékin souhaite fédérer tous ceux qui veulent qu'un nouveau système monétaire se substitue à terme au roi dollar. Les Chinois ont ainsi été à l'initiative d'une réunion des BRIC en juin 2009. Ce sigle, inventé en 2003 par l'économiste en chef de Goldman Sachs, Jim O'Neill, regroupe les quatre grands pays émergents : Brésil, Russie, Inde et Chine. À eux quatre, ils représentent 25 % des terres habitables, 40 % de la population et 15 % du PIB mondial (contre 7,5 % il y a dix ans). La première réunion fut un échec, du moins en apparence, les intérêts immédiats des protagonistes n'étant pas les mêmes. En outre, les Russes ne peuvent pas prétendre faire du rouble une monnaie internationale. *Idem* pour les Brésiliens avec le real, ou les Indiens avec la roupie. Deux des BRIC sont producteurs de matières premières, et les deux autres consommateurs. Pour les Chinois, c'est le principe même de la réunion qui était important, afin de montrer que toute réforme devra intégrer les BRIC, à commencer par le premier d'entre eux, la Chine.

« L'explosion des déficits américains va conduire à rouvrir le débat sur les déséquilibres internationaux, les asymétries en faveur du dollar et l'instabilité des taux de change », prophétisent Jean-Hervé

Lorenzi et Christian de Boissieu[1]. Pour eux, il faut *« y penser toujours, n'en parler pas trop ou seulement à bon escient »*. Ils ont raison. Une réforme de cette ampleur ne se fait pas en un jour, ni même en une année. Mais, sans réforme monétaire, le monde continuera d'aller de bulle en bulle, de crise en crise, jusqu'à l'implosion. Tout comme il faut mettre fin au *dumping* fiscal et à la concurrence déloyale, il faut en finir avec un *dumping* monétaire qui a permis aux États-Unis de capter l'épargne du monde pour vivre à crédit et à la Chine de capter le travail du monde pour financer l'Amérique.

Faut-il fonder le futur système monétaire mondial sur une nouvelle monnaie ? Le « bancor » cher à Keynes, ou le « globo » ? C'est de la pure utopie. Jamais l'Américain moyen ne renoncera à ses *greenbacks* au profit d'un bout de papier à ses yeux sans valeur. C'est comme si on lui demandait, ou à un Britannique, de ne plus parler anglais mais esperanto. Faut-il faire peu à peu des DTS, ces droits de tirage spéciaux émis par le FMI, la monnaie des transactions internationales ? C'est une vision purement « financra-

1. *Le Figaro*, 30 mars 2009.

tique[1] ». Les grands peuples continuent de se reconnaître dans leur monnaie. Même si l'euro a réussi à prendre la place du franc, du mark ou de la lire, on voit mal les Américains abandonner le dollar, les Anglais la livre sterling, les Japonais le yen et les Chinois le yuan. Car le nom de la monnaie est étroitement associé à l'idée de nation. C'est parce qu'ils ont espéré que leurs nations allaient se transcender dans l'Europe et faire du Vieux Continent une puissance que les peuples se sont finalement ralliés à l'euro.

Remplacer le dollar par une autre monnaie, en l'occurrence l'euro ? Ce n'est ni possible ni souhaitable. Revenir à l'étalon or, au bimétallisme (or et argent) ? Ce n'est pas une solution adaptée au XXIe siècle et aux nouveaux rapports de force. Alors, pourquoi ne pas réfléchir à la mise en place d'un serpent monétaire international ? Les quatre ou cinq grandes monnaies mondiales (dollar, euro, yuan, yen et peut-être la livre sterling) évolueraient à l'intérieur d'une sinusoïde, avec des écarts de change limités (de – 5 à + 5 %). Cela,

1. La « financratie » a pris peu à peu le pas sur la bureaucratie et la technocratie. C'est elle qui a présidé à la globalisation et aux dérives du capitalisme financier.

afin de tenir compte des différences de performances économiques. Les marchés financiers pourraient continuer à spéculer – pardon, à parier – à l'intérieur de ces limites sur les évolutions de telle ou telle devise. Mais on éviterait ainsi les phénomènes de yo-yo qui déstabilisent les sites de production, empêchant toute stratégie d'investissement à long terme. Pourquoi ne pas introduire de la stabilité, de la rigueur, en articulant ce serpent avec un panier de grandes matières premières, à commencer par l'or ? Certes, un tel montage n'est pas facile à mettre sur pied, sur le plan technique comme politique. Peut-être faut-il pourtant tenter l'expérience ? Si l'on veut que les pays producteurs de matières premières, la Russie en tête, planifient des investissements à long terme, il faut, d'une façon ou d'une autre, leur garantir un minimum de stabilité des prix[1]. C'est vrai du pétrole ou du gaz, comme du cuivre, du soja ou du blé. Pourquoi ne pas réfléchir

---

1. Le baril de pétrole cotait 147 dollars en juillet 2008. Il est tombé à 30 dollars début 2009, pour remonter à 73 dollars au 30 juin, et redescendre à 60 dollars le 8 juillet. Les mouvements erratiques des derniers mois sont essentiellement liés à la spéculation sur les marchés à terme. Si l'on gomme les pics, le prix moyen du baril, entre 2006 et 2009, ressort à 75,5 dollars.

à la coexistence de deux serpents – l'un monétaire, l'autre sur les matières premières – avec l'or comme stabilisateur, comme juge de paix ? Nos jeunes docteurs Folamour de la finance seraient peut-être plus utiles à réfléchir à une telle articulation, plutôt qu'à inventer les *subprimes* de demain.

L'avenir du monde passe par un nouveau système monétaire mondial et la fin du privilège exorbitant de la devise américaine, la fin de l'étalon dollar. Cela prendra du temps, mais le compte à rebours a commencé. Aux Européens de s'unir pour ne pas être les dindons de la farce. Pourquoi le cacher, compte tenu de ce que l'on voit depuis des années chez les Vingt-Sept et à Bruxelles, on peut être inquiet. Partageons-nous encore quelque chose avec le Royaume-Uni ? *Quid* des pays baltes, aujourd'hui en faillite pour avoir cru aux sirènes et aux mirages du néolibéralisme, et s'être imaginé qu'il suffisait de créer des zones franches pour reconstruire une économie ? *Quid* de notre système bancaire, plombé également par les *subprimes* espagnoles, les prêts aux pays de l'Est, les LBO, etc. ? *Quid* de Chypre, toujours partagée entre les Turcs et les Grecs, centre *offshore* paradisiaque pour les opérations financières des oligarques de l'ex-URSS ? La construction européenne s'apparente décidément aux travaux de Sisyphe. Sans doute, parce qu'elle n'est plus sous-tendue par une vision idéologique. L'Europe s'est construite autour d'un modèle à double face : la démocratie politique face à un adversaire – le monde communiste incarné par l'URSS ; l'économie régulée[1] face à un concurrent – les États-Unis, *leader* du capitalisme anglo-saxon. Avec l'effondrement du communisme et le triomphe du néolibéralisme, ce modèle a volé en éclats. Il n'a pas été remplacé. Le déficit dont l'Europe, mais aussi le monde occidental, souffre le plus, n'est pas celui des États, des entreprises, des ménages, mais bel et bien le déficit intellectuel. Nous avons bien du mal à inventer l'idéologie de demain qui sous-tendra le développement économique. Le socialisme et ses variables social-démocrates et blairistes sont morts, victimes de l'effondrement du communisme, mais aussi du triomphe du néolibéralisme depuis trente ans. *« Le socialisme comme doctrine nous renvoie au XIXe siècle et n'apparaît pas comme un*

1. Encore appelée économie sociale de marché.

post-libéralisme[1]. » Mais le néolibéralisme s'est lui aussi fracassé, victime des dérives du capitalisme anglo-saxon financier et de la crise globale qu'il a engendrée. Cela ne veut pas dire pour autant que l'économie de marché est remise en cause. Mais les opinions publiques, du moins dans les grandes démocraties occidentales, ne croient plus dans ces deux idéologies qui ont marqué le siècle dernier. Elles attendent qu'on leur propose un nouveau pacte social, une nouvelle vision des rapports de force dans le monde, une nouvelle approche de la relation de l'homme avec son environnement qui débouchent sur l'*homo economicus* du XXIe siècle, conscient de ses droits, mais aussi de ses devoirs.

1. François Ewald, « La double défaite du socialisme et du libéralisme », *Les Échos*, 16 juin 2009.

Bibliographie

ATTALI Jacques, *La Crise, et après ?*, Fayard, 2008.

AXILROD Stephen H., *Inside the Fed*, Massachusetts Institute of Technology, 2009.

CERCLE TURGOT, *Repenser la planète finance*, Groupe Eyrolles et Les Échos Éditions, 2009.

CONSEIL D'ANALYSE ÉCONOMIQUE, *La Crise des* sub-primes, La Documentation française, 2008.

COOPER George, *The Origin of Financial Crisis*, Vintage Books, 2008.

CRÉSUS, *Confessions d'un banquier pourri*, Fayard, 2009.

GRÉAU Jean-Luc, *L'Avenir du capitalisme*, Gallimard, 2005.

GRÉAU Jean-Luc, *La Trahison des économistes,* Gallimard, 2008.

GROSS Daniel, *Dumb Money*, Free Press, 2009.

HUSSON Édouard et PALMA Norman, *Le Capitalisme malade de sa monnaie*, Office d'édition impression librairie, F.-X. de Guibert, 2009.

KRUGMAN Paul, *L'Amérique que nous voulons*, Flammarion, 2008.

LE CERCLE DES ÉCONOMISTES, *Fin du monde ou sortie de crise ?*, 2009.

LORENZI Jean-Hervé et VILLEMEUR Alain, *L'Innovation au cœur de la nouvelle croissance*, Economica, 2009.

PHILLIPS Kevin, *Bad Money*, Penguin Books, 2008-2009.

PIGASSE Matthieu et FINCHELSTEIN Gilles, *Le Monde d'après, une crise sans précédent*, Plon, 2009.

POSNER Richard A., *A Failure of Capitalism*, Harvard University Press, 2009.

Table des matières

« Pour l'éditeur, le principe est d'utiliser des papiers composés de fibres naturelles, renouvelables, recyclables et fabriquées à partir de bois issus de forêts qui adoptent un système d'aménagement durable.

En outre, l'éditeur attend de ses fournisseurs de papier qu'ils s'inscrivent dans une démarche de certification environnementale reconnue. »

Achevé d'imprimer en septembre 2009
sur les presses de la Nouvelle Imprimerie Laballery
58500 Clamecy
Dépôt légal : septembre 2009
Numéro d'impression : 908094
49-42-3912-0/01

Imprimé en France